I0696939

MOISÉS DO VALE DOS SANTOS

INTRODUÇÃO AO SIMBOLISMO MAÇÔNICO

À∴G∴D∴G∴A∴D∴U∴

SUMÁRIO

INTRODUÇÃO...9

1. O DELTA..20

2. O PAVIMENTO MOSAICO.................................26

3. A RÉGUA DE 24 POLEGADAS............................34

4. O ESQUADRO E O COMPASSO..........................40

5. O LIVRO DA LEI...46

6. A PEDRA BRUTA E A PEDRA POLIDA..................52

7. O AVENTAL..57

8. O MAÇO E O CINZEL....................................61

9. A CORDA DE 81 NÓS....................................66

10. A ESCADA DE JACÓ....................................71

11. A ACÁCIA...76

12. A COLUNA..81

13. A ESCADA DE CARACOL..................................86

14. A ESTRELA FLAMÍGERA.................................94

15. O SELO DE SALOMÃO...................................100

16. O SOL E A LUA...105

17. OS QUATRO ELEMENTOS...............................111

18. O V.I.T.R.I.O.L......................................116

19. O OBELISCO...122

20. A ESPADA...129

21. O PELICANO...134

22. A CORUJA DE MINERVA...............................140

23. O GALO..144

24. O BODE..148

25. O BAPHOMET..156

26. A ÁGUIA BICÉFALA...166

27. AS COLUNAS ZODIACAIS.......................................174

28. O CADUCEU..182

29. O OUROBOROS...192

30. O PONTO DENTRO DO CÍRCULO.........................198

31. A CHAVE DE MARFIM..204

32. OS NÚMEROS...214

33. A ROSA E A CRUZ...231

34. O PENTAGRAMA...236

35. A CAVEIRA...243

REFERÊNCIAS BIBLIOGRÁFICAS.............................249

INTRODUÇÃO

A Maçonaria consiste em uma instituição filosófica, iniciática, ritualística, universal e fraterna, de caráter deísta e espiritualista, que procura transmitir as verdades morais e espirituais entesouradas pelas mais remotas e ilustres tradições. O objetivo dessa transmissão consiste na construção de uma sociedade mais livre, justa, esclarecida, igualitária e espiritualizada, cujo principal instrumento pedagógico é o símbolo.

A palavra "símbolo" tem origem no grego *symbolon* e é formada por *syn*, que significa "junto", e *ballein*, que tem o significado de "lançar", cuja tradução literal seria "lançar junto". Fica manifesto nesses termos que a palavra "símbolo" tem por si só o poder de juntar duas realidades distintas, a do significante (o elemento material, visível) e a do significado (o elemento conceitual, invisível). O símbolo, então, designa qualquer figura ou imagem que remete o pensamento para algo que é puramente abstrato e que está além do que é representado, sendo o sinal visível de uma realidade invisível.

O símbolo, com efeito, é um recurso linguístico em que se associa um determinado objeto ou imagem a uma ideia, conceito, princípio ou mesmo sentimento. O símbolo também pode ser o representante de uma realidade espiritual ou transcendente, que nele pode ser identificado ou mesmo intuído.

Para muitas pessoas desinformadas e algumas até movidas por pura má-fé, os símbolos maçônicos constituiriam um misterioso conjunto de mensagens que esconderia uma realidade perniciosa e obscura. Por exemplo, o simbolismo presente na imagem de *Baphomet* ou *Bode de Mendes*, serviu de pretexto para as acusações mais absurdas por parte de fanáticos religiosos, que associaram a Maçonaria à adoração do demônio. Todavia, tal desconfiança conspiratória está muito distante do lugar que os símbolos ocupam no universo maçônico. Aliás, em um capítulo dedicado ao simbolismo do Baphomet, será esclarecido o verdadeiro significado esotérico dessa figura tão enigmática e polêmica.

Na verdade, ao longo das eras, os maçons se utilizaram de símbolos para ocultar das mentes profanas (alheias à experiência da Iniciação), conceitos filosóficos demasiadamente valiosos e complexos para serem expostos publicamente. Embora essa perspectiva pareça um tanto ou quanto elitista, também está presente no ensino de Jesus Cristo (0-33). Ele ensinou aos seus discípulos que não se deve lançar aos cães as coisas santas, nem aos porcos as preciosas pérolas da verdade divina, a fim de evitar que elas sejam menosprezadas.[1]

Além do mais, o Divino Mestre comunicava seus ensinamentos públicos (exotéricos) mediante parábolas, que são narrativas breves e simples, dotadas de um conteúdo alegórico. Nos evangelhos sinóticos (*Mateus, Marcos* e *Lucas*), as parábolas representam mais ou menos um terço de tudo o que Jesus ensinou. Não obstante, havia uma dimensão "esotérica" no ensino das parábolas, pois o seu sentido mais profundo era transmitido à parte, exclusivamente aos discípulos.[2]

A Maçonaria procura transmitir suas doutrinas mediante símbolos, mas ela não inventou esse método de instrução, já que é o método pedagógico mais antigo da história. Existem inúmeros indícios de que nas grandes civilizações da Antiguidade havia *Religiões de Mistério*, com um conjunto de crenças e práticas que só eram reveladas aos iniciados mediante símbolos, tais como os *Mistérios de Ísis* (no Egito), os *Mistérios de Elêusis* (na

Grécia), e os *Mistérios de Mitra* (em Roma). A principal característica desse tipo de comunidade filosófico-religiosa era a existência dos arcanos ou mistérios, que associados aos elementos da Iniciação e às práticas do culto, jamais eram revelados aos profanos.

Com efeito, tais arcanos ou mistérios destinavam-se a reservar a uma pequena elite os segredos da religião, da astronomia, da filosofia, das artes e das ciências primitivas. Lastimosamente, como já dizia o filósofo Platão (428-348 a.C.), em sua obra *A República*: "a massa não pode ser filósofa". Ele defendia isso porque cria que a massa seria assimilável por natureza a um animal escravo de suas paixões. A Maçonaria, em parte, subscreve essa visão, pois acredita que o mais elevado saber simbólico não poderia ser revelado àqueles que seriam moral e intelectualmente inaptos para compreendê-lo e valorizá-lo.

Embora não seja uma religião, a Maçonaria é a legítima herdeira espiritual das sociedades iniciáticas do passado, porque perpetua no ensinamento de suas doutrinas, o tradicional método de instrução por símbolos. E é justamente o conhecimento dos símbolos que reafirma as crenças e os valores dos maçons de todo o mundo, conduzindo-os a um profundo sentimento de pertencimento e de unidade.

E, como em toda grande tradição de sabedoria, a Maçonaria se utiliza de símbolos para expressar seus conhecimentos esotéricos. Nessa instituição, os símbolos são importantes, porque têm um efeito muito poderoso na psique humana, sendo o modo mais eficaz de inspirar e ensinar, em comparação com as meras palavras. À vista disso, a Maçonaria busca levar a consciência humana à compreensão de suas verdades filosóficas, morais e espirituais, não através do mero discurso intelectual, como ocorre em todo ambiente acadêmico formal, mas mediante a linguagem dos símbolos.

A Maçonaria se utiliza de incontáveis símbolos, os quais não foram retirados somente das Religiões de Mistérios, mas também da tradição judaico-cristã, bem como da arte da construção. A Maçonaria que se desenvolveu na Idade Média, chamada de *Maçonaria Operativa*, descendeu das corporações de antigos construtores de igrejas e catedrais, que eram os agentes custódios da ciência especulativa dos mistérios. Posteriormente, com o advento da Era Moderna, a Maçonaria passou a admitir em seus quadros não somente construtores, mas homens esclarecidos, burgueses e filósofos. A partir do momento em que as *Lojas Operativas* aceitaram esses novos "pedreiros", se transformaram, então, em *Lojas Especulativas*. E, nesse contexto de investigação filosófica, a ideia de construção, bem como os símbolos associados a ela, (como o Esquadro, o Compasso e o Prumo), passaram a reforçar junto à consciência do maçom a necessidade de executar a verdadeira Arte Real, que consiste em levantar templos às virtudes.

Além do mais, é por intermédio dos símbolos que se transmite ao iniciado a "gnose maçônica". O termo "gnose" deriva da palavra grega *gnosis* que significa "conhecimento oculto". A gnose é o conhecimento que constitui o fundo comum de todas as iniciações, cujas doutrinas e símbolos se têm transmitido, desde a mais remota Antiguidade até os dias atuais. Decerto, toda doutrina esotérica pode unicamente transmitir-se por meio de uma Iniciação e cada Iniciação inclui necessariamente várias fases sucessivas, às quais correspondem outros tantos Graus diferentes. Todavia, convém sublinhar que a gnose não é um conhecimento discursivo, mas sim um conhecimento intuitivo, diferente do conhecimento científico de natureza puramente intelectual. O conhecimento intuitivo estabelece a compreensão das coisas de modo direto e instantâneo, sem a utilização de deduções ou classificações caracterizadas por conceitos. Portanto, a gnose maçônica só é adquirida através de um vasto conjunto de símbolos, os quais só podem ser plenamente compreendidos através da experiência iniciática e da transmissão oral.

O processo evolutivo do maçom está separado em vários Graus, os quais estão relacionados a um conjunto específico de símbolos. Em cada um dos Graus da Maçonaria existem ensinamentos, rituais e símbolos. Todavia, não sendo de natureza dogmática, a Ordem maçônica evita impor rigidamente os significados dos símbolos, concedendo um máximo de abertura para os maçons refletirem e tirar suas próprias conclusões. Sendo assim, o universo simbólico da Maçonaria transmite verdades que se entrelaçam com o processo de reflexão e aprendizagem particular de cada maçom.

Na *Maçonaria Simbólica* é comum os Veneráveis Mestres estimularem os Aprendizes, Companheiros e Mestres a escreverem seus trabalhos e pranchas, levando em consideração sua própria perspectiva e interpretação dos símbolos. Essa pedagogia peculiar também caracteriza os diversos Graus filosóficos (4-33) da chamada *Maçonaria Filosófica*. Por essa razão, a Maçonaria é uma instituição livre-pensadora, já que não se compromete com dogmas, estimula a autonomia intelectual, pratica a tolerância e defende a liberdade absoluta de pensamento e de expressão.

Não obstante, o simbolismo maçônico é como que uma ciência que não permite divagações conforme a fantasia subjetiva de cada indivíduo. O simbolismo em apreço refere-se especificamente a um determinado objeto ou ser, de modo que somente a sua interpretação correta pode fornecer a ideia correspondente àquilo que está hermeticamente representado. À vista disso, é necessário ao estudante dos arcanos maçônicos investigar o significado correto dos símbolos com acurácia e propriedade, sendo a presente obra uma confiável e abalizada fonte para tal empreendimento.

1

O DELTA

De acordo com os alfabetos fenício, grego e latino, o símbolo *delta* (Δ) é representado como um triângulo, que no alfabeto atualmente utilizado no ocidente corresponde a letra "D". Na Maçonaria, o delta possui uma poderosa carga filosófica, religiosa e mística, por isso é considerado um símbolo sagrado. Esse símbolo é representado por um triângulo *equilátero*, composto por três lados e três ângulos congruentes, possuindo medidas idênticas entre os lados.

Quando o vértice do delta é voltado para cima, representa as *qualidades espirituais*, ao passo que o vértice voltado para baixo, representa as *qualidades materiais*. E a união das duas figuras forma a estrela de 6 pontas, a exemplo do símbolo da *Estrela de Davi* (conhecida também como *Selo de Salomão*). Outrossim, o triângulo voltado para cima remete para Deus, e suas três pontas podem significar a *Santíssima Trindade*, ao passo que o triângulo voltado para baixo representa o homem, e as suas três pontas podem significar a *tricotomia* humana: corpo, a alma e espírito.

Para algumas religiões, o delta representa a Trindade Sagrada: Hórus, Ísis e Osíris, na antiga religião egípcia; Ninrod, Semíramis e Tamuz na religião suméria; Brahma, Vishnu e Shiva, no hinduísmo; e Pai, Filho e

Espírito Santo, no Cristianismo. Aliás, a Santíssima Trindade é o ponto central da doutrina cristã, e um de seus arcanos teológicos mais difíceis de decifrar. Embora o Cristianismo seja uma religião monoteísta, defende um só Deus na forma de três pessoas separadas e distintas. Todavia, no interior da Maçonaria o delta é considerado de natureza neutra, não se vinculando a nenhuma tradição religiosa, e tem como aspecto mais importante a representação do perfeito equilíbrio entre os três componentes da Deidade.

Na Ordem maçônica, o triângulo em sua representação como *Delta Luminoso* se constitui num dos principais símbolos de toda a Ordem. Assim, o delta pode ser apresentado no centro de um imponente feixe de raios luminosos, dispostos de maneira radial em todo o seu perímetro. Aliás, em nenhuma hipótese o Delta Luminoso deve ser encoberto, porque é o mais importante símbolo fixo do templo, existindo para ser lembrado, contemplado e reverenciado, a fim de dirigir os trabalhos, os pensamentos e a conduta de todos os maçons.

Convém destacar que em alguns ritos maçônicos, no centro do delta é utilizada a inscrição do nome de Deus em hebraico, através da letra "Yod", que é sua primeira letra. Em outros ritos é utilizada a letra "G", que assume grande importância na ritualística e no simbolismo maçônicos. As interpretações desse símbolo variam e elas sempre se referem a tudo aquilo que é bom, justo e perfeito, que tem o seu nome iniciado com tal letra. Desse modo, existem diversas explicações para a letra "G", tais como Grande Arquiteto do Universo, Glória de Deus, Grande Geômetra, Geometria, Gênio e Gnose. Outrossim, em outros ritos é utilizada no interior do delta a figura de um "olho", chamado comumente de o "olho que tudo vê".

O "olho que tudo vê" é o mais importante símbolo da Deidade, e representa sua vigilância e cuidado sobre o Universo. Representa ainda presença pessoal do Grande Arquiteto do Universo, que tudo observa e perscruta.O "olho que tudo vê" é considerado o símbolo de Deus manifestado em sua onipresença, que é o atributo divino segundo o qual Deus está presente em todos os pontos do Universo.Assim, a imagem de um "olho" vigilante, sempre aberto, conduz o Aprendiz ao entendimento de que por trás da figura existe a invisível presença da divindade.

Essa concepção da divindade está presente em muitas passagens das Escrituras Sagradas, que registram que os olhos de Deus estão em todo lugar, vigiando os maus e os bons[3]; que os olhos de Deus estão atentos aos atos de cada um, observando todas as suas ações[4]; e que os olhos de Deus são como chamas de fogo[5]. Por fim, o salmista Davi pergunta para si mesmo onde poderia se ausentar da presença divina, e conclui que se subisse ao céu lá Deus estaria, e se fizer a sua cama nas profundezas, Ele também estaria ali.[6]

2

O PAVIMENTO MOSAICO

Em todas as Lojas maçônicas consideradas regulares está presente um *Pavimento Mosaico*, que constitui um dos ornamentos do centro da Loja, e é composto por ladrilhos (quadrados) brancos e pretos colocados alternadamente entre si. O Pavimento Mosaico pode ocupar todo o piso da Loja, mas normalmente tem a dimensão de 1,20 por 3,00 metros. Cabe sublinhar que a civilização suméria já adotava nos seus templos o piso em Pavimento Mosaico, o qual só podia ser pisado pelo sacerdote de mais alto grau e só em dias de eventos importantes. Aventa-se também que no templo de Salomão, no local chamado de "Santo dos Santos", havia um Pavimento Mosaico.

Como é característico no simbolismo maçônico, existem várias interpretações para o significado do Pavimento Mosaico, sendo a mais comum a que se relaciona com o *dualismo*, realidade que estaria presente em toda a Natureza. O termo dualismo foi pela primeira vez cunhado por Thomas Hyde, para indicar a doutrina de Zoroastro[7], que foi um filósofo e profeta nascido na Pérsia, e fundador do *zoroastrismo*. Segundo esta doutrina, existem no Universo dois princípios supremos, o do bem e do mal. O princípio do bem é representado por *Ahura Mazda*, que é a divindade do bem. O princípio do mal é representado por *Aritmã*, que é a divindade do mal. Esses dois deuses vivem num conflito permanente, mas no final dos tempos ocorrerá a vitória de Ahura Mazda contra Aritmã.

Posteriormente, na Pérsia surgiu uma outra seita filosófico-religiosa,também de caráter dualista,chamada *Maniqueísmo*. Os maniqueístas eram seguidores do profeta persa chamado Manes que teria sido martirizado pelos romanos de maneira semelhante à morte de Jesus Cristo. O maniqueísmo consistia numa mistura de elementos gnósticos, cristãos e orientais, sobre as bases do dualismo da religião de Zoroastro. O maniqueísmo admitia a existência de dois princípios opostos, um do bem, que é o princípio da luz, e outro do mal, que constitui o princípio das trevas. No ser humano, esses dois princípios são representados por duas almas, a corpórea, que é a do mal, e a luminosa, que é a do bem.

Com efeito, o simbolismo do Pavimento Mosaico procura evocar a ideia de que a vida é feita de contrastes, de forças opostas que se influenciam entre si, como o bem e o mal, o sono e a vigília, o prazer e a dor, a luz e a escuridão, a virtude e o vício, o dia e a noite, o masculino e o feminino, a atividade e a passividade, o calor e o frio, a razão e a emoção, o espírito e a matéria, a vida e a morte etc. E é justamente através da influência dessas forças opostas que ocorre no mundo a mudança, o progresso e a evolução. O Pavimento Mosaico de forma alguma representa algo estático, por isso ficar preso num quadrado branco e dele não sair não conduz a lugar nenhum, não produz movimento nem transformação.

Antes do nascimento o feto estava em completa paz e serenidade, protegido e alimentado pela mãe, mas foi necessário passar pelo "trauma do nascimento" para poder desfrutar do dom da vida, com todas as suas alegrias e tristezas. Israel ficou 400 anos no Egito antes de sua liberdade, e andou 40 anos pelo deserto antes de conquistar a terra prometida. Jesus foi tentado por Satanás por 40 dias em completo jejum antes de iniciar seu ministério terreno. Jonas ficou 3 dias no ventre da baleia antes de cumprir o propósito divino em relação à cidade de Nínive. Jesus, depois de morrer, desceu ao Hades e lá ficou por 3 dias antes de ressuscitar dos mortos, depois disso ficou mais 40 dias sobre a terra antes de ascender ao céu.

A dualidade é uma coisa fecunda para o pleno desenvolvimento humano, sem a qual não haveria qualquer possibilidade de criação. Todavia, não basta que exista a dualidade, pois é necessário haver interação entre os opostos para que o processo criativo possa aflorar. Não bastam dois opostos estáticos, já que é necessário que os opostos sejam dinâmicos e interajam entre si. Isso posto, o

Pavimento Mosaico evoca sempre ao maçom que o seu principal trabalho não se efetua dentro da Loja, mas no confronto de si consigo próprio, bem como no uso frequente e equilibrado das duas grandes forças opostas que abriga dentre de si.

Segundo Carl Gustav Jung, no âmago de cada ser humano civilizado habita uma besta irracional que é hostil à civilização, a qual é representada pelo *arquétipo da sombra*. Este arquétipo junguiano designa o lado obscuro da personalidade humana, sua dimensão incivilizada e selvagem, que é ignorada pela mente consciente. Desse modo, a fim de que o indivíduo se torne um membro da sociedade é necessário domesticar os ímpetos animais contidos na sombra. E aquele que domina o aspecto animal da sua natureza, pode tornar-se civilizado, porém, a sombra é dotada de um extraordinário poder de resistência, de modo que ela jamais é totalmente vencida, e se for bem canalizada pode impelir as pessoas a atividades mais satisfatórias e criativas.[8]

O contraste que existe entre os quadrados pretos e brancos, de modo que nenhum dos dois predomina no Pavimento Mosaico, também está ligado à *iniciação*, quando se permanece um período vendado e depois sem venda, fazendo com que a luz recebida na iniciação revele o mistério da dualidade existente no ser humano, que o conduz para o bem ou para o mal. Nesse sentido, ao fazer seus juramentos e comprovar ser um homem de valor, o iniciado tem suas vendas retiradas, caminhando na direção da luz. Metaforicamente, ele caminha de uma dimensão limitante e obscura para a dimensão do esclarecimento. E essa transição tem início com a iniciação, que representa a morte do homem profano e sua ressurreição para uma nova vida no seio da fraternidade maçônica.

Outro elemento do Pavimento Mosaico é o cimento que liga os seus ladrilhos. Esse elemento é quase imperceptível, mas de extrema relevância, como a irmandade maçônica, que no mundo profano é praticamente invisível, embora seus membros estejam nos mais importantes seguimentos sociais. Outrossim, o cimento também pode simbolizar a união indissociável e o pertencimento de todos os maçons do mundo à uma instituição que os transcende.O Pavimento Mosaico ainda é o símbolo da diversidade do globo. Os ladrilhos bicolores do mosaico são uma recordação de que sendo diferentes em raça, credo, cor, inteligência e condição social, todos os seres humanos são iguais diante do Grande Arquiteto do Universo.

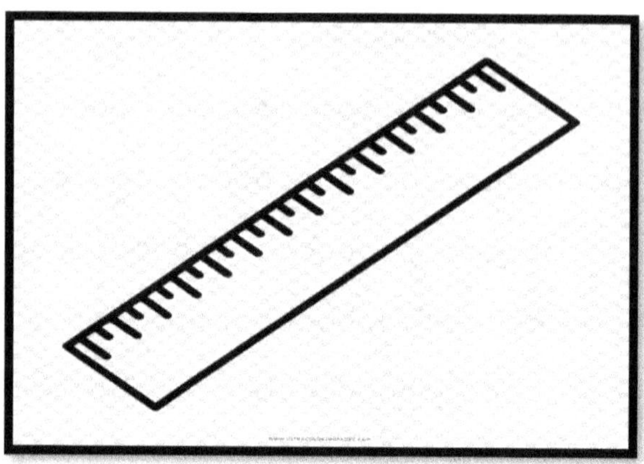

3

A RÉGUA DE 24 POLEGADAS

Depois da cerimônia de iniciação, no 1º Grau da Ordem, ou seja, o de Aprendiz, o neófito é instado a refletir sobre a utilidade da *Régua de 24 Polegadas*. No 1º Grau da Maçonaria o Aprendiz recebe esse instrumento simples com a devida instrução simbólica. A régua é um instrumento de medida, é símbolo da retidão, do método e da lei. Também é um emblema para a disciplina moral, a exatidão e a justiça.

A Maçonaria adota a Régua de 24 Polegadas, porque simboliza o dia com suas vinte e quatro horas, exigindo dos maçons o emprego racional das horas do dia. No simbolismo maçônico, a graduação de vinte e quatro polegadas, serve para a mensuração do tempo, em que o maçom deve distribuir suas atividades, divididas em três partes de 8 horas, representando o *descanso*, o *trabalho* e a *solidariedade*.

Para o maçom, a contemplação da Régua de 24 Polegadas é sugestiva de sublimes e nobres pensamentos, já que ensina a medir o tempo a fim de purificar e limpar o coração de todos os vícios e imperfeições. Sendo assim, o medidor de vinte e quatro polegadas é um símbolo do tempo bem empregado.

Uma das declarações mais contundentes sobre a condição humana encontra-se numa das peças trágicas escritas por William Shakespeare chamada *Macbeth* na qual o personagem homônimo define a vida humana nos seguintes termos: "A vida não passa de uma sombra que caminha, um pobre ator que se pavoneia e se aflige sobre o palco – faz isso por uma hora e, depois, não se escuta mais sua voz"[9]. De maneira não menos poética, o livro de *Jó*, no Antigo Testamento, assim exprime sua noção da brevidade da vida humana[10]: "Pois nós surgimos ontem, e nada sabemos; nossos dias na terra são como uma sombra [...] O homem, nascido da mulher, tem vida breve e cheia de inquietações. Como a flor, ele nasce e murcha; como a sombra, é fugaz e não permanece".

É manifesto que vida humana é finita, transitória, frágil, repleta de vaidades e incertezas, por isso precisa ser conduzida com excelência e inteligência. O rei Salomão expressa essa perspectiva nos seguintes termos: "Tudo quanto te vier à mão para fazer, faze-o conforme as tuas forças, porque na sepultura, para onde tu vais, não há obra, nem indústria, nem ciência, nem sabedoria alguma".

Apesar da transitoriedade da vida humana, há uma parcela de felicidade para o homem, razão pela qual deve ele aproveitar a "porção" de bem-estar que lhe cabe, já que poder descansar, trabalhar e fazer o bem é um presente do Grande Arquiteto do Universo. Nesse sentido, o simbolismo da Régua de 24 Polegadas também ensina sobre o "carpe diem", que é uma expressão latina que significa "aproveite o dia". Essa é a tradução literal e não significa aproveitar um dia específico, porém aproveitar ao máximo o agora, apreciar o presente da melhor maneira possível. A expressão *carpe diem* se torna um lema que indica que a vida é breve, por isso deve ser bem aproveitada. A expressão foi escrita pelo poeta romano

Horácio na sua obra *Odes*, em que aconselha aproveitar o dia de hoje e confiar o mínimo possível no amanhã. A mensagem transmitida pelo lema *carpe diem* é que a incerteza da vida e do futuro não podem se tornar uma justificativa para não extrair o máximo do que o dia pode oferecer.

Na mitologia grega, *Cronos* é o rei dos titãs e o deus do tempo. Ele é filho de Urano, deus do céu, e de Gaia, deusa da terra. Cronos casou com a sua irmã Reia, que lhe deu seis filhos, sendo Zeus um deles. Como temia ser destronado por causa de um oráculo, Cronos comeu todos os seus filhos, em exceção de Zeus, que Reia conseguiu salvar enrolando uma pedra em um pano, que Cronos engoliu sem perceber que não era seu filho. Cronos era o deus do tempo, principalmente quando concebido em seu aspecto implacável e destrutivo, já que o tempo rege os destinos humanos e a tudo pode devorar.

Com efeito, a vida humana é passageira e o tempo é o devorador de todas as coisas, por isso, apoiado no simbolismo da Régua de 24 Polegadas, o maçom deve levar muito a sério sua tarefa de aproveitar o tempo da melhor maneira possível, sabendo que se for bem empregado poderá realizar grandes coisas, tanto para si mesmo como para toda a humanidade.

4
O ESQUADRO E O COMPASSO

O *Esquadro*, que é um antigo instrumento de construção civil, constitui outro importante símbolo da Maçonaria. Sabe-se que os primeiros a utilizar esse instrumento foram os egípcios que, aliás, construíram suas pirâmides com pedras perfeitamente esquadrejadas, ou seja, segundo ângulos perfeitamente retos.

Simbolicamente, o Esquadro representa a ação do homem tanto sobre a matéria como sobre si mesmo. Significa ainda que a conduta humana deve ser guiada pela ideia inflexível da imparcialidade, justiça e correção do caráter. Ademais, o Esquadro é o instrumento utilizado pelo Venerável Mestre, demonstrando que ele é o responsável por guiar a Loja de acordo com o princípio da retidão moral. O Esquadro está presente no Avental do Venerável Mestre, e significa a retidão de propósitos que ele deve ter em observar a inviolabilidade das leis maçônicas, bem como a missão de criar perfeitos maçons, transformando "pedras brutas" em "pedras polidas".

A justiça (que consiste em dar a cada um o que lhe é devido) é um conceito muito presente na Ordem maçônica, sobretudo porque está diretamente ligado a um personagem das lendas maçônicas, qual seja, o rei Salomão, o qual é considerado o rei mais sábio e justo que já existiu.Ele realiza um julgamento entre duas mulheres que afirmavam ser a mãe de um mesmo filho. O rei sabiamente sugeriu cortar o bebê em duas partes, de modo que cada mulher receberia sua metade. Com essa perspicaz estratégia, Salomão conseguiu identificar a impostora como a mulher que aprovou completamente a cruel proposta, ao passo que a verdadeira mãe implorava que a criança fosse entregue aos cuidados de sua rival[11].A Maçonaria considera a maneira de Salomão executar a justiça um exemplo arquetípico de um juiz reto e imparcial, que revela profunda sabedoria ao tomar uma decisão.

O *Compasso* é um instrumento de desenho que faz arcos de circunferência e também serve para tomar e transferir medidas. Esse instrumento possui duas hastes que se unem numa das extremidades. Uma perna termina em uma ponta fina, como uma agulha, e a outra termina em uma ponta de grafite. E um parafuso ajustável regula a distância entre as duas pernas.

Na Maçonaria, o Compasso é o símbolo do espírito, do intelecto ou do pensamento, nas suas variadas manifestações. Na figura do círculo, o Compasso simboliza o *relativo*, que é sempre dependente do *absoluto*, o qual constitui o ponto inicial (que também é a representação de Deus, causa primeira do Universo). Todavia, a amplitude de ação sugerida pelos movimentos circulares e progressivos de suas hastes expressa o quanto o conhecimento humano é limitado, pois a abertura de seus braços atinge no máximo 90°. Isso deve lembrar ao maçom que a totalidade do conhecimento é prerrogativa exclusiva da Divindade.

O Esquadro é um instrumento fixo, enquanto que o Compasso é um instrumento móvel, por isso, pode-se dizer que o Esquadro representa o elemento passivo, e o

Compasso, o elemento ativo. E,haja vista a elasticidade de abertura de seus braços, o Compasso é símbolo do espírito, que possui poderes sobre o Esquadro, que, sua vez, simboliza a matéria. Assim, quando juntos, Esquadro e Compasso formam a díade simbólica mais característica da Maçonaria, de modo que nenhuma Loja poderia funcionar sem tais elementos, os quais devem ser posicionados sobre o *Livro da Lei*.

O único lugar onde o Esquadro se entrelaça com o Compasso e na Loja maçônica. No Grau de Aprendiz, o Esquadro deve ser colocado por cima do Compasso, indicando que nesse Grau só se pode exigir do neófito sinceridade e confiança. Nesse caso, o Esquadro simboliza a matéria e o Compasso o espírito, assinalando que no Aprendiz a matéria ainda domina o espírito. Além disso, o Esquadro é colocado sobre o Compasso, representando que o homem que não vencer suas paixões e vícios, mediante uma vontade firme e persistente, não pode receber as boas emanações de Deus.

5

O LIVRO DA LEI

Um dos preceitos fundamentais em todas as potências maçônicas do mundo é a crença noSer supremo, que na Maçonaria é denominado de Grande Arquiteto do Universo.Para ser aceito e ingressar na excelsa Ordem, o candidato deve afirmar sinceramente a crença em Deus, bem como nos livros sagrados que são seguidos pela Maçonaria, sobre os quais deve jurar lealdade aos princípios maçônicos. Sendo assim, crer e cultuar o Ser Supremo é o primeiro requisito para entrar na Maçonaria.

O Livro da Lei, que é a primeira das luzes na Maçonaria, representa a ligação espiritual do maçom com o Ser Supremo.O uso do Livro da Lei foi estabelecido em 1717, por intermédio da Grande Loja da Inglaterra, e tem essa denominação genérica para se evitar qualquer tipo de sectarismo, porquanto se fosse determinado que o livro sagrado de uma reunião maçônica fosse a Torá, a Bíblia Sagrada ou o Alcorão, o caráter ecumênico da Ordem seria prejudicado.

Em todas as Lojas instaladas em países cristãos, o Livro da Lei é a Bíblia Sagrada. Num país em que é o Judaísmo a religião predominante, apenas a Torá (Antigo Testamento). E nos países muçulmanos utiliza-se o Alcorão.Isso posto, o Livro da Lei deve estar sempre diante dos olhos do maçom nas horas de trabalho, a fim de que simbolize a diretriz da sua conduta moral.

Na verdade, a única restrição existente é que o Livro da Lei deve identificar-se com o texto sagrado de uma religião reconhecida, e fazer referência a existência de Deus. Nesse sentido, os livros sagrados do budismo, religião que postula não existir um Deus pessoal, não poderiam ser aceitos. E, assim como a Maçonaria não impõe uma crença especifica no Livro da Lei, o mesmo se aplica ao conceito de Deus. Aliás, em Lojas onde existe a presença de maçons de várias religiões, coloca-se vários livros sagrados sobre o altar dos juramentos, onde cada membro terá o foco no livro correspondente a sua própria crença.

Normalmente, no Grau de Aprendiz, o Livro da Lei fica aberto no Salmo 133, onde o rei Davi louva a fraternidade humana nos seguintes termos: "Como é bom e agradável os irmãos viverem em união! É como o óleo precioso sobre a cabeça, que desce para a barba, a barba de Arão, e desce sobre a gola das suas vestes; como o orvalho do Hermom, que desce sobre os montes de Sião. Ali o SENHOR ordena a bênção e a vida para sempre."

Tudo o que Deus faz é bom, pois desde a criação Ele diz que seus atos são sempre "bons". O salmista diz que é bom é agradável a união fraternal. A fraternidade é, pois, um valor divino, criado por Deus para a felicidade dos homens.

A fraternidade é semelhante ao óleo precioso, ou seja, é algo estimável, de muito valor, razão pela qual precisa ser cultivado com muito cuidado. O óleo também representa a benção espiritual que emana de Deus e que se estende a todos os irmãos que vivem efetivamente em união, descendo sobre a cabeça, barba e as vestes de Arão (que era sacerdote e irmão do profeta Moisés, cuja função era representar o povo diante de Deus, e abençoá-lo).

O monte Hermon e os montes de Sião estão geograficamente distantes, mas um gera umidade e orvalho para outro, mesmo à distância. Assim, um monte é precioso e útil para o outro. A benção espiritual de Deus, enviada sobre a comunidade dos maçons, desde o Venerável Mestre até o Aprendiz, depende da união mística de todos os irmãos.

Com efeito, a espiritualidade maçônica pressupõe a existência, a formação e a atuação positiva da *egrégora.*Esta pode ser definida como a formação mística de vibrações energéticas, criadas quando várias pessoas têm um mesmo objetivo. A egrégora constitui e energia vibracional coletiva, a qual evoca um poder invisível, mas eficaz e plenamente percebido pelos integrantes da Loja, quando imbuídos do mesmo ideal. A egrégora pode ser vivenciada por ocasião da abertura dos trabalhos em uma Loja maçônica, e está à disposição dos verdadeiros iniciados. Nesse sentido, o Livro da Lei é um elemento importante na ritualística, pois permite criar um ambiente agradável onde possam emanar as energias vibracionais positivas, independente de qual religião se pratique. À vista disso, a egrégora maçônica, enquanto realidade mística e energética, impregna todos os maçons, tornando-os participantes do Ser Supremo.

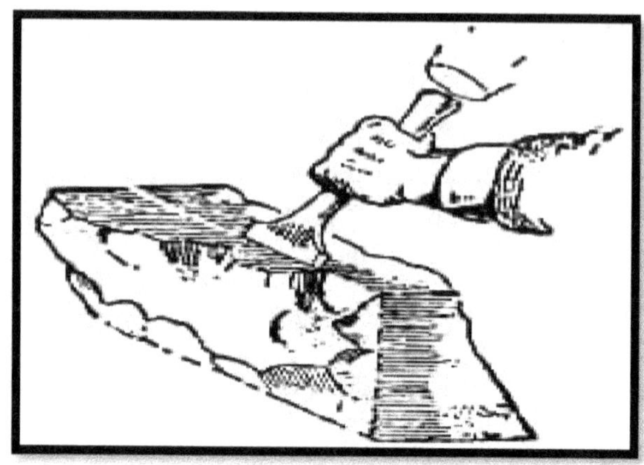

6

A PEDRA BRUTA E A PEDRA POLIDA

Com o intuito de representar o nobre ofício do maçom, que simbolicamente corresponderia ao de pedreiro, encontra-se no interior da Loja algumas pedras indicando esse trabalho, quais sejam, a Pedra Bruta e a Pedra Polida.

A Pedra Bruta é o objeto de trabalho do Aprendiz, que utilizando-se dos utensílios básicos do pedreiro, irá desbastar a Pedra Bruta retirando suas arestas e imperfeições a fim de transformá-la em formato cúbico. O *cubo*, com efeito, representa a ideia de eternidade em decorrência de seu caráter sólido. Ele também representa a estabilidade e, esotericamente, é um símbolo de sabedoria, verdade e perfeição.

Desbastar a Pedra Bruta é o trabalho mais elementar na construção e, por conseguinte, no simbolismo maçônico. Assim, essa alegoria se refere ao Aprendiz como a própria Pedra Bruta, no qual será eliminado os vícios que impedem a construção de uma sociedade mais justa e fraterna. A Pedra Bruta é o ponto de partida para a grande transformação a ser realizada no caráter do Aprendiz, que ainda tem como missão trabalhar e estudar com afinco, a fim de adquirir todo o conhecimento simbólico pertencente a seu Grau, até que se transforme em Pedra Polida.

Para tanto, o Aprendiz precisa utilizar o *Maço* para dar pancadas na pedra, o que simboliza o começo do seu trabalho de desbastar a pedra bruta. O Maço é também símbolo da força, da vontade e da perseverança. Outra ferramenta indispensável é o *Cinzel*, ferramenta de corte e precisão, que carrega consigo a humildade e a submissão ao aceitar-lhe os golpes, mostrando sua inteligência e discernimento. Aliás, o Maço e o Cinzel representam, respectivamente, o ativo e o passivo, do mesmo modo como o Compasso e o Esquadro.

Cabe, pois, ao Aprendiz a importante empreitada individual de desbastar sua Pedra Bruta, quer dizer, desvencilhar-se dos próprios defeitos morais, preconceitos, más inclinações, paixões e desejos baixos.E tal conquista representa a passagem do Grau de Aprendiz para o Grau de Companheiro. E quando for concluído o trabalho de aperfeiçoamento moral, representado pelo desbaste da Pedra Bruta, e tiver conseguido transformá-la em Pedra Polida, apta à edificação do próprio templo interior, então, será possível ao Aprendiz descansar o Maço e o Cinzel a fim utilizar outros instrumentos, num Grau superior.

A transformação da Pedra Bruta em Pedra Polida constitui um trabalho de muita dedicação e perseverança, e pode-se dizer que esse é um dos objetivos mais importantes da Maçonaria, senão o principal, razão pela qual seria uma atividade ininterrupta. Infelizmente, os impacientes e os que procuram interesses espúrios, não conseguem realizar o objetivo em apreço, acabam caindo e, por fim, se afastam do nobre caminho. Decerto, o desbaste da Pedra Bruta é um trabalho que nunca termina para o maçom, mesmo que ele alcance os mais elevados cargos e graus.Nesse sentido, no caminho de evolução moral que cabe a todos os maçons, eles indistintamente seriam Aprendizes, de modo que é preciso firme persistência a fim de que ninguém decaia à condição de Pedra Bruta.

7

O AVENTAL

O Avental do maçom é uma peça de vestuário que se prende à cintura, utilizado simbolicamente para a proteção dianteira da roupa e do próprio usuário, a fim de executar com excelência o seu trabalho em Loja. Ele é normalmente fabricado de pano, mas também pode ser fabricado de plástico, couro ou outros materiais.

O maçom recebe seu Avental na própria Iniciação, sendo uma peça obrigatória em sua vestimenta, sem a qual não poderá participar dos trabalhos de uma Loja. No Grau de Aprendiz, o Avental possui a cor branca, que simboliza a inocência, e deve ser utilizado com a aba levantada, já que o Aprendiz usará tal vestimenta para se proteger do trabalho com a "pedra bruta". Para o Grau de Companheiro, o Avental deve estar com a aba abaixada, e para o Grau de Mestre, normalmente é branco orlado de vermelho ou azul celeste. Aliás, os aventais são todos padronizados e tal padronização é feita pela potência maçônica responsável, respeitando cada gral e cada rito.

O Avental é um legado que a *Maçonaria Especulativa* recebeu da *Maçonaria Operativa*. A Maçonaria Especulativa elegeu o Avental como símbolo do trabalho ao qual o maçom está ligado ao ingressar na excelsa Ordem. O Avental visa evocar a ideia de que a labuta é uma prática constante na vida do maçom, seja no interior da Loja, seja fora dela. Essa é a principal razão simbólica pela qual um Aprendiz jamais deve adentrar em uma Loja sem estar coberto pelo Avental.

A Maçonaria considera o trabalho como um dos deveres primordiais do ser humano, honrando tanto o trabalho manual como o intelectual. Desde as primeiras linhas da Bíblia Sagrada, é manifesto que a Divindade é um ser ativo e criativo, e o ato de criar é sempre considerado algo bom. Ao criar o homem Deus o colocou no Jardim do Édem para que o cultivasse e guardasse[12]. Depois, ordenou ao homem que frutificasse, multiplicasse, enchesse a terra, a sujeitasse e a dominasse completamente[13]. Na sua relação com a nação de Israel, Deus nunca escolheu homens ociosos, mas sim homens que estavam em atividade laboral, como Moisés, Gideão e Davi. Semelhantemente, Jesus escolheu seus discípulos quando eles estavam trabalhando, e ao falar do seu Pai Celeste, diz que Ele trabalha todos os dias e, por essa razão, deveria fazer o mesmo, ainda que quebrasse a lei do sábado.[14]

A Maçonaria tem por dever fundamental o nobre trabalho de espalhar por todos os membros da humanidade os laços fraternais que unem os maçons sobre a terra, os quais, por sua vez, devem auxiliar-se e proteger-se mutuamente, mesmo com risco da própria vida. Outrossim, a Maçonaria exorta e instrui seus integrantes a difundirem os seus sublimes ideais, não somente pelo discurso verbal e pela escrita, mas sobretudo pelo exemplo, a fim de que no mundo cada vez mais a justiça prevaleça sobre a injustiça e a verdade sobre a falsidade.

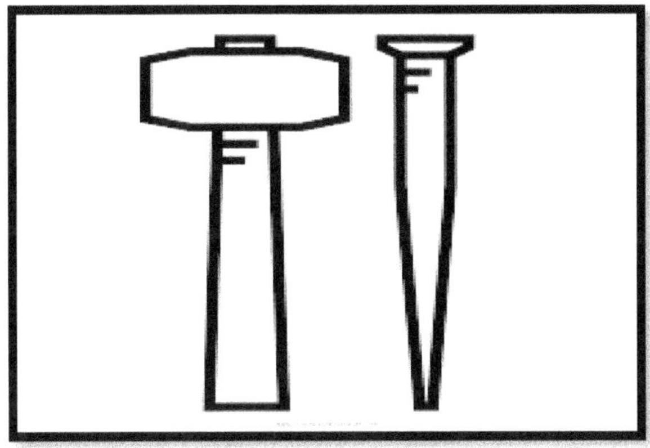

8

O MAÇO E O CINZEL

O Maço e o Cinzel, surgem na Maçonaria como instrumentos dinâmicos, de ação conjunta, os quais devem empregados pelo Aprendiz para desbastar a Pedra Bruta. Simbolicamente, o Maço e o Cinzel são as ferramentas que o Aprendiz irá usar para desbastar a Pedra Bruta do próprio seu caráter, que significa eliminar os vícios e promover as virtudes, combatendo toda inclinação para o mal e reforçando toda tendência para o bem. Esses instrumentos,embora utilizados de forma associada, tem funções distintas no trabalho de aprimoramento moral do maçom, rumo à perfeição que cabe a ele buscar, na condição de filho de Deus.

O Maço foi o primeiro instrumento concebido pelo homem primitivo a fim de exercer o seu domínio sobre a Natureza, inaugurando assim a era das ferramentas, na qual objetos distintos do próprio corpo começaram a ser utilizados pelo homem para facilitar sua vida. Antes dessa revolução, o homem utilizava seus próprios músculos como um instrumento de força.

Na qualidade de instrumento que serve para descarregar golpes, o Maço representa o método mais simples da aplicação da força e simboliza o potencial humano para alterar sua realidade. Atribui-se ao Maço a representação da vontade humana através da força, quer seja ela física, moral, mental ou espiritual. A vontade é, pois, o combustível que move o homem na direção de seus interesses e conquistas, e é através da vontade que ele alcança seus objetivos.

Símbolo do trabalho (pelo seu dinamismo), do poder (pela sua força) e da perseverança (pela constância dos golpes), o Maço é instrumento ativo na construção do novo homem, que deve viver segundo a razão e a virtude. Assim, na construção do seu caráter, o Aprendiz precisa da força e da energia do Maço para que suas intenções possam ser efetivamente realizadas.

Diferentemente do Maço, o Cinzel tem o poder de cortar e de dar forma à matéria. Para tanto, precisa ter um fio cortante e resistente, de modo a receber e transmitir a força que lhe for aplicada pelo Maço. O Cinzel é uma ferramenta de corte e precisão que carrega consigo (entre tantos outros atributos) a humildade e a submissão ao aceitar os golpes do Maço, pois reconhece sua função na obra de construção e sabe que sozinho nada pode fazer para desbastar a pedra bruta.

O Cinzel é um elemento transformador, porque desde o momento em que recebe o impacto do Maço, concentra e dirige, numa condução guiada e inteligente, a força que lhe é dispensada. O Cinzel representa ainda, a precisão, o discernimento e o amadurecimento do ser que deseja evoluir, pois ao mesmo tempo em que recebe do Maço a força da vontade, aponta focado para os vícios e defeitos que precisam ser retirados a golpes sucessivos de trabalho consciente, na busca do aprimoramento moral.

Outrossim, o Maço e o Cinzel devem trabalhar juntos em perfeita harmonia, cada um oferecendo o que tem de melhor, em benefício de um objetivo comum. Sozinhos ou isolados pouco ou nada podem realizar, mas unidos são fortes e capazes de alcançar resultados excepcionais. Semelhantemente, os maçons devem buscar a harmonia, a ajuda mútua e a união de esforços para sua própria evolução espiritual, bem como de toda a humanidade.

9

A CORDA DE 81 NÓS

A *Corda de 81 Nós* é um símbolo que está presente na maioria dos templos maçônicos, circundando as paredes do templo entre o início da abóbada celeste e as colunas zodiacais. Todavia, o simbolismo da Corda de 81 Nós vai muito além de uma ornamentação no teto do templo maçônico.

Existe um nó central que é colocado no centro do oriente sobre a cadeira do Venerável Mestre, e representa o número um, o princípio e o fundamento do Universo. A corda ainda possui quarenta "nós" equidistantes, de cada lado no templo. E os extremos da corda terminam em duas borlas, que são os símbolos da justiça e da prudência, virtudes que devem nortear os iniciados no caminho da perfeição moral.

Na estrutura dos "nós" encontra-se o símbolo do infinito, representando a perpetuação da espécie humana, pela união do homem e da mulher, exprimindo a ideia de que a renovação da humanidade é duradoura e infinita. Sob o ponto de vista metafísico, o símbolo do infinito também pode representar a imortalidade da alma, mediante a união mística da alma humana com o Ser Supremo.

A Corda de 81 Nós representa ainda a união dos pensamentos, dos sentimentos e dos valores que devem existir entre todos os maçons, em qualquer parte do mundo. A esse respeito, convém sublinhar as sábias palavras de Salomão acerca da importância da união. Ele diz que é melhor é serem dois do que um, porque ambos têm melhor recompensa do seu trabalho. Se um cair, o outro levantará seu companheiro, mas pobre do que estiver só e cair, já que não haverá outro que o levante. Se dois dormirem juntos, ambos ficarão aquecidos, mas um só não poderá aquecer-se. Um homem sozinho pode ser facilmente vencido, mas dois conseguem defender-se. E o cordão de três dobras não se rompe tão facilmente.[15]

A Corda de 81 Nós significa também o enlaçamento feito pelos maçons em torno da Humanidade. Os nós são os irmãos com as mãos dadas, formando o quadrilátero sagrado, onde a abertura indica que qualquer pessoa livre e de bons costumes pode ingressar nesse quadrilátero e participar da luta em prol da união, do progresso e da felicidade da humanidade.

Sob o ponto de vista da *numerologia*, o número 81 possui uma poderosa carga mística, pois é o quadrado de 9, que por sua vez é o quadrado de 3, que é o número perfeito e símbolo da Deidade. Esse número sugere um Universo formado por uma base tripla, que parte da ideia de que na origem de tudo existe uma Deidade Trina (como Pai, Filho e Espírito Santo) dando origem a todas as coisas. Da mesma forma, são três os formadores da raça humana, a saber, Cam, Sem e Jafé depois do dilúvio. E são três as ferramentas com as quais o Criador produziu o Universo, quais sejam, a luz, o som e o número.

Nas laterais do templo existem os já mencionados40 nós, cujo número marca a realização de um ciclo que leva a mudanças radicais. O número 40 marca um grande acontecimento ou situação, que precedeu outro grande acontecimento. A exemplo do profeta Moisés, que aos 40 anos fugiu do Egito, aos 80 anos recebeu a missão divina para libertar os hebreus, e aos 120 anos faleceu. Nesse sentido, o número 40 mormente representa o encorajamento das forças divinas para guiar os que estão em momentos de dificuldade para que se alcance transformações necessárias na vida.

10

A ESCADA DE JACÓ

A *Escada de Jacó* constitui um símbolo importante na Maçonaria e se relaciona ao sonho do patriarca hebreu Jacó.Este estava fugindo de seu irmão Esaú por ter comprado o seu direito de primogenitura e, por conseguinte, a bênção de Isaque. O objetivo de Esaú era matar seu irmão, o que fez com que Jacó fugisse para uma terra distante chamada Padã-Arã. Jacó estava cansado e, ao deitar para dormir no meio do caminho, recebeu de Deus um sonho. Jacó sonhou com uma escada enorme, cujo topo tocava nos céus e os anjos de Deus subiam e desciam por ela. Ao se levantar pela manhã, o patriarca pegou a pedra que lhe serviu de travesseiro, colocou-a de pé, derramou azeite sobre ela e chamou aquele lugar de *Betel*, que significa "casa de Deus".

Com efeito, a Escada de Jacó é um símbolo de fundo religioso e iniciático, e tem sido empregado para representar a ascensão gradual do maçom nos planos intelectual, moral e espiritual. À vista disso, a Escada de Jacó representa basicamente o caminho da perfeição, e seus degraus são tantos quantas as virtudes necessárias ao aperfeiçoamento pessoal. Os degraus significam os distintos e progressivos níveis de perfeição que precisam ser galgados até que se alcance à perfeição divina, ao estado de homem perfeito, à medida da estatura da plenitude do mestre divino [16], conforme sua própria prescrição[17]: "Sede vós, pois perfeitos, como é perfeito o vosso Pai que está nos céus."

O número de degraus na escada é variável, começando por três, significando as *virtudes teologais* da *fé*, da *esperança* e da *caridade*. Pode ser quatro degraus, representando as *virtudes cardeais*, tais como a *temperança*, a *fortaleza*, a *prudência* e a *justiça*.Pode ainda ser sete degraus, representando as sete *virtudes celestiais*, que combinam as três virtudes teologais com as quatro virtudes cardeais.

A Escada de Jacó tem sua base na terra e alcança o céu, e isso representa a união dos reinos terrestre e celeste e da identificação entre o homem e Deus, o que através das eras tem sido tema constante das religiões tradicionais, das religiões de mistérios, bem como da filosofia. Na sua extremidade superior, onde reside a Divindade, está o ideal ao qual não é possível chegar, senão depois de ter galgado através de muito esforço todos os degraus inferiores.

O Aprendiz maçom deve necessariamente empregar muito esforço e estudo para progredir, galgando degrau por degrau as etapas necessárias para o seu aperfeiçoamento individual. Pode-se dizer que ao ingressar na Maçonaria o iniciado colocou o seu pé no primeiro degrau da Escada de Jacó, dando o seu primeiro passo na busca pela perfeição.

Contudo, os degraus da Escada de Jacó não significam somente as virtudes necessárias ao aperfeiçoamento individual, mas também representam o tempo indispensável para a evolução de cada alma para alcançar a morada do Ser Supremo. É manifesto, pois, que as pessoas são distintas e, por isso, não evoluem na mesma velocidade, nem compreendem as coisas do mesmo modo. Não obstante, a evolução sempre ocorre, mesmo que paulatinamente, passando de um estado menos perfeito para outro mais perfeito. Numa maratona nem todos alcançam as primeiras posições, mas todos tem condições de concluir a prova, cada um de acordo com sua capacidade e no seu próprio tempo.

11

A ACÁCIA

A etimologia da palavra *acácia* tem origem no grego *aké*, e significa ponta aguda. A palavra *aké* evoluiu para *akantha*, que significa planta espinhosa, chegando finalmente ao Português como "acácia". A acácia é uma árvore que apresenta uma folhagem acinzentada e flores amarelas cujo caule e ramos possuem fortes espinhos. A acácia fornece uma madeira de longa duração e, pelo fato de não apodrecer com a humidade, ainda quando é introduzida na água, adquiriu a fama de ser indestrutível. À vista disso, no simbolismo maçônico, a Acácia representa a imortalidade da alma.

A imortalidade da alma tem sido objeto de crença por parte da humanidade desde tempos imemoriais. Há evidencias de que até mesmo os homens pré-históricos enterravam seus entes queridos com bens para uso na vida após a morte. Para o historiador Edward McNall Burns, existem provas substanciais de que o *homem de Cro-Magnom* (que teria vivido de 30.000 a 10.000 a.C.) tinha ideias muito evoluídas de um mundo com aspectos sobrenaturais. O homem de Cro-Magnon dispensava cuidados com os corpos dos mortos, pintando os cadáveres, dobrando seus braços sobre o coração e depositando pingentes, colares e armas em suas sepulturas, possivelmente sustentando a crença na vida após a morte.[18]

A crença na vida após a morte era fundamental para a religião egípcia. Os egípcios sustentavam que a alma é imortal e seria julgada por Osíris, o deus principal do mundo do além, de modo que a vida futura era altamente desejável. A maior parte do mundo religioso acredita numa alma imortal que continua vivendo de alguma forma. E tal ensinamento é compartilhado pelo Hinduísmo, Zoroastrismo, Judaísmo, Budismo, Cristianismo, Islamismo, bem como pelas religiões nativas e tribais por toda a África, América, Ásia e Oceania.

Existe uma passagem no Novo Testamento em que é manifesta a verdade acerca da imortalidade da alma no extraordinário episódio da *transfiguração*. Jesus Cristo e seus discípulos Pedro, Tiago e João foram para um alto monte, onde ficaram a sós, e ali Jesus foi transfigurado diante deles. As roupas dele resplandeceram e ficaram extremamente brancas, como nenhum lavandeiro na terra poderia branqueá-las. E eles também viram os profetas Elias e Moisés conversando com Jesus[19]. Esse relato bíblico demonstra que na perspectiva cristã,a alma humana, com sua personalidade, identidade e memória, permanecem intactos depois da morte do corpo físico.

Algumas pessoas afirmam que a alma viverá para sempre, seja num céu ou num inferno. Outras supõem que depois da morte a alma reanimará outras formas de vida, num interminável ciclo de reencarnação. Mas, Independente do destino final da alma humana, se ela ressuscitará, reencarnará ou de alguma forma permanecerá existindo fora do corpo, é uma verdade universal, e a Maçonaria não só defende tal crença, mas a estabelece como condição *sine qua non* para alguém ser maçom.

Com efeito, o significado metafísico e místico da imortalidade da alma constitui uma das crenças fundamentais da filosofia maçônica. E quando o maçom declara conhecer o simbolismo da Acácia de maneira plena, ele quer dizer que alcançou o Grau máximo da Maçonaria Simbólica, (Grau de Mestre) compreendo, pois, seu significado esotérico.

12

A COLUNA

Uma coluna é uma estrutura arquitetônica destinada a receber as cargas de uma construção, transmitindo-as à fundação. A coluna representa o suporte de algo superior e garante a sustentação de uma obra. A coluna é um símbolo de suporte e de força, mas também representa a ligação da terra com o céu.No seu simbolismo, a Maçonaria utiliza tanto colunas inspiradas nas colunas da arquitetura grega clássica (dórica, coríntia e jônica), como nas do templo de Salomão.

No templo maçônico, o conjunto das três colunas gregas formam as três Pequenas Luzes. A coluna dórica, mais robusta e de ângulos retos representa a *força*, onde se encontra o1º Vigilante. A coluna coríntia, adornada de folhas de acácia, representa a *beleza*, onde se encontra o 2º Vigilante. E a coluna jônica, que é enfeitada com volutas, representa a *sabedoria*, onde se localiza o Venerável Mestre.

A descrição que inspirou o modelo atual das duas colunas do templo maçônico encontra-se na Bíblia Sagrada[20]. No templo de Salomão em Jerusalém, existiam duas colunas de cobre que ficavam à frente do templo, chamadas de *Boaz* e *Jaquin*. Boaz é um personagem do Antigo Testamento pertencente à tribo de Judá, bisavô do rei Davi. Jaquim, vem do hebraico *Jah* que significa Deus e *iachin*, que significa estabelecerá, ou seja, Jachin significa

Deus estabelecerá. E uma vez que o templo maçônico é em grande parte inspirado no templo de Salomão, as duas colunas guardam a porta de entrada do templo.

As colunas, com efeito, dividem o templo maçônico em três partes. Ao lado da coluna B, chamada de Boaz, ficam os Aprendizes, ao passo que ao lado da coluna J, chamada de Jaquin, ficam todos os Companheiros. Todavia, o local dos Aprendizes e Companheiros podem inverter, conforme do rito adotado.E entre as colunas encontram-se os Mestres, bem como o altar dos juramentos, com suas três Grandes Luzes. Aliás, essas duas colunas são ornadas com romãs, lírios e correntes, que também possuem um significado simbólico.

A romã tem externamente uma casca muito dura, de modo que a fruta não parece ser comestível, mas em seu interior é bela, suculenta e saborosa. E, tal como a

Maçonaria, que é protegida nos seus mistérios se por muitos é concebia como uma instituição de caráter duvidoso, quando na verdade possui no seu interior a filosofia mais sublime. A quantidade de grãos unidos faz com que o fruto seja visto como símbolo da união, da fartura e da fecundidade. Na Maçonaria, o simbolismo mais comum referente aos grãos unidos da romã diz respeito à fraternidade maçônica.

Em relação aos lírios a Maçonaria compara sua brancura com a virgindade e a pureza de uma moça. E uma vez que os lírios representam essas qualidades, ligam-se naturalmente a todos os recém-iniciados na Ordem maçônica.

As correntes com sete voltas que ornam as colunas, tanto podem relembrar a vida passada do profano nas cadeias da ignorância, como sua nova vida e seus fortes elos de união.

Outrossim, existem doze colunas que ornam os lados norte e sul da parte interna do templo maçônico. São as chamadas *colunas zodiacais* que representam os doze signos do zodíaco: Áries, Touro, Gêmeos, Câncer, Leão, Virgem, Libra, Escorpião, Sagitário, Capricórnio, Aquário e Peixes. Cada uma das colunas carrega consigo os diversos simbolismos astrológicos, bem como as interpretações próprias da filosofia maçônica. As colunas zodiacais são colunas jônicas, tendo no seu capitel os *pentáculos*, isto é,os símbolos que possuem um significado de natureza mágica ou esotérica, que encerram incalculáveis poderes dentro de si.

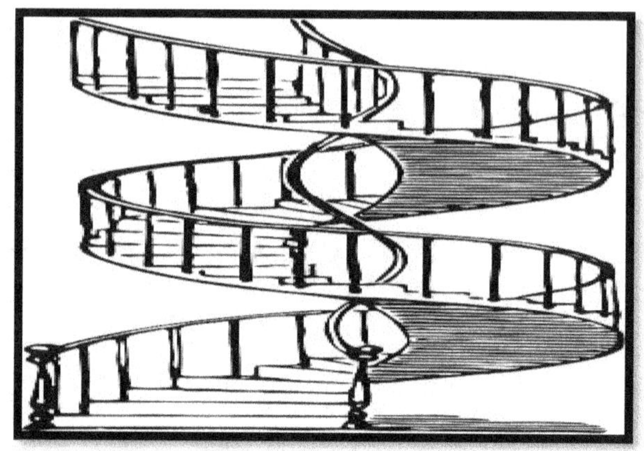

13

A ESCADA DE CARACOL

Semelhantemente à Escada de Jacó, a *Escada de Caracol* tem sido utilizada por vários povos, desde a Antiguidade, como símbolo de ascensão, seja no âmbito moral, seja no espiritual. E, por ser muito utilizada como símbolo de desenvolvimento, progresso e evolução, a Escada de Caracol acabou sendo incorporada no simbolismo maçônico, sobretudo no Grau de Companheiro.

Depois do processo de Iniciação, a Maçonaria convidou o Aprendiz a se banquetear com seus excelsos mistérios, mas para isso ocorrer é necessário que ele avance na sua posse. Depois do passo inicial na direção da sabedoria maçônica, é necessário ao Aprendiz procurá-la como se almeja tesouros escondidos. Embora a sabedoria seja distribuída gratuitamente na Excelsa Ordem, é necessário se esforçar para alcançá-la, e isso também se aplica ao Companheiro, o qual deve prosseguir na sua busca pessoal por esclarecimento, com disciplina, empenho e dedicação absolutos.

No 2º Grau da Maçonaria, o Companheiro compreende que já não está mais limitado a um único caminho na busca do conhecimento e da verdade, razão pela qual ele desvia seus passos, obliquamente, ora para a direita, ora para a esquerda. Ele aprende que o caminho que deve trilhar para atingir a perfeição moral e espiritual não é linear, retilíneo, constante, mas tortuoso e repleto de adversidades.

Com o intuito de ilustrar esse processo, a Maçonaria lança mão do simbolismo da Escada de Caracol, que mostra a difícil trajetória do Companheiro em sua evolução pessoal. Com seus degraus em espiral, a escada indica a dificuldade em subir, aprender e auto aperfeiçoar-se, revelando que o progresso maçônico não se desenvolve de uma forma regular e retilínea.

Nesse sentido, é pertinente que se associe à tarefa do Companheiro a compreensão da *Lei do Ritmo*, atribuída a Hermes Trismegisto, segundo a qual "tudo tem fluxo e refluxo; tudo tem suas marés; tudo sobe e desce; tudo se manifesta por oscilações compensadas; a medida do movimento à direita é a medida do movimento à esquerda; o ritmo é a compensação."

A Lei hermética do Ritmo assegura que em todas as coisas se manifesta um movimento pendular para frente e outro para trás, um fluxo e um refluxo, um movimento de atração e um de repulsão, uma maré enchente e uma maré vazante, uma maré alta e uma maré baixa. Existe ainda uma ação e uma reação, uma marcha e uma retirada, uma subida e uma descida, de modo que na vida nada é fixo e regular.

Essa perspectiva já estava presente na filosofia de Heráclito de Éfeso, o qual concebia o fogo como sendo o princípio através do qual o mundo foi formado, porque em sua visão todas as coisas estão em constante transformação, como o fogo que é dinâmico, vivo, ativo. Heráclito assegurava que na Natureza tudo flui, tudo muda, de modo que a única coisa que permaneceria é a impermanência, e a única coisa que jamais mudaria é a mudança. Por essa razão, Heráclito é considerado o pai dos filósofos do devir, posto que o princípio fundamental de sua filosofia consiste na afirmação de que não existe uma realidade estática, mas unicamente o movimento.

A Escada de Caracol representa as grandes dificuldades que o Companheiro encontra para estudar, compreender e apreender tudo o que é necessário para alcançar o 3° Grau da Maçonaria, que corresponde ao Grau de Mestre. E, por ser espiralada, a escada simboliza o caminho tortuoso e difícil que o Companheiro deve trilhar para atingir a perfeição, movimento feito de avanços e de recuos, de quedas e de subidas, de derrotas e de triunfos, mas sempre rumo ao ideal da perfeição.

Com efeito, nenhum progresso existe sem que existam obstáculos a serem transpostos, em grau maior ou menor de dificuldade. A Escada de Caracol significa, então, que nenhum desenvolvimento ocorre numa progressão retilínea constante, mas por etapas, em ciclos ascendentes ou em espiral. Não obstante, ao superar as dificuldades interpostas frente à caminhada maçônica, será possível ao maçom alcançar o progresso aspirado, até atingir o topo da escada.

Todavia, convém sublinhar que o "topo da escada" não pertence a este plano, ao atual sistema de coisas, ao chamado mundo da *imanência*, mas unicamente ao mundo da *transcendência*. Nenhum maçom, por mais virtuoso e disciplinado que seja, é capaz de alcançar a plena perfeição. Isso ocorre porque ele é estruturalmente débil e trava uma batalha constante contra os impulsos primitivos e irracionais da sua alma, que embora possam ser dominados, nunca poderão ser eliminados. Sendo assim, o topo da Escada de Caracol constitui um *ideal* espiritual e moral digno de ser buscado, sendo exequível aproximar-se dele mais ou menos, conforme o esforço e a natureza particular de cada um, porém, impossível de ser alcançado nesse mundo.

No 2° Grau da Maçonaria, onde o Companheiro adquire o máximo de conhecimentos esotéricos, ele aprende a trabalhar com novas ferramentas de trabalho (como a Régua, a Alavanca, o Esquadro e o Compasso), preparando-se para entrar no 3° Grau. Em termos simbólicos, ao movimentar-se na Escada de Caracol, o maçom deve girar em torno de si mesmo, absorvendo tudo em sua volta a fim de atingir níveis cada vez mais perfeitos. As instruções recebidas no 1° Grau precisarão ser retomadas com cuidado, novas camadas de suas verdades terão de ser retiradas a fim de que se compreenda, sob uma nova perspectiva, os mesmos símbolos e alegorias.

Desse modo, depois de se alcançar o Grau de Mestre, que na Maçonaria Simbólica constitui o esplendor da carreira maçônica, o maçom poderá começar a transmitir seus conhecimentos adquiridos aos novos Aprendizes e Companheiros.

14

A ESTRELA FLAMÍGERA

A *Estrela Flamígera* está fixa no interior do Templo maçônico, na Abóbada Celeste, sobre o trono do 2° Vigilante e é acesa durante o desenvolvimento do ritual do Grau de Companheiro. A Estrela Flamígera, que ilumina o céu maçônico (no interior da qual existe a letra G) é um símbolo esotericamente rico, porque representa todas as teorias acerca do surgimento do Universo, tanto em suas manifestações materiais, como em suas manifestações espirituais.

A Estrela Flamígera designa a manifestação do Princípio Criador, na forma de um signo luminoso que congrega em si toda a energia universal. É uma representação que unifica todas as concepções existentes sobre a energia primordial que sustenta tudo que existe no Cosmos, e explica sua origem e finalidade.

A maioria das tradições religiosas antigas sustenta que o mundo foi formado a partir do momento em que houve o *Fiat Luz*, quer dizer, quando a *luz* se tornou manifesta. Essa concepção, por exemplo, está presente na Bíblia Sagrada quando nas suas primeiras linhas descreve a criação do Universo nos seguintes termos: "No princípio, Deus criou os céus e a terra [...] Disse Deus: Haja luz. E houve luz".[21]

Nesse aspecto, existe total harmonia entre a visão bíblica da criação do mundo com o moderno pensamento científico, o qual afirma que o Universo foi formado por uma grande explosão chamada de o *Big Bang*. Isso posto, pode-se dizer que os místicos e religiosos do passado, de inúmeras religiões, bem como os cientistas do presente, aceitam que o Universo nasceu de uma *explosão de luz*.

Com efeito, a Estrela Flamígera é um símbolo de grande mistério, pois representa a existência de todas as realidades universais. E a letra "G" no seu interior significa que o Universo, como ensina Pitágoras de Samos, só poderia ser compreendido plenamente através dos princípios da Geometria, quer dizer, por uma relação numérica existente entre símbolos geométricos e números. A Letra "G" também simboliza o Supremo Geômetra, que é o espírito animador do Universo, o princípio da sabedoria, o gerador da Natureza e a luz que ilumina todos os homens.

Outrossim, no simbolismo maçônico, a Estrela Flamígera representa a estrela *Sirius*. Sabe-se que os templos egípcios eram orientados em direção a essa estrela, e há indícios de que ela serviu de base para o calendário egípcio. Sirius, com efeito, é a estrela mais brilhante do céu, a qual também é conhecida como *Estrela-cão* por ser a principal estrela da constelação *Cão Maior*. No Egito Antigo, essa estrela desempenhou um papel fundamental na manutenção do tempo e da agricultura, uma vez que o seu retorno ao céu estava ligado à inundação anual do Nilo.

No simbolismo maçônico, a Estrela Flamígera, (que é Sirius), representa a porta de ingresso nos mistérios mais elevados da Sublime Instituição, onde se ensina que a Estrela Flamígera é o símbolo da Divindade e seus atributos naturais (Onipresença, Onisciência e Onipotência). A Estrela Flamígera, portanto, constitui a fonte do poder divino, e o "lugar sagrado" onde todo maço deve ascender. Tal ascensão é possível, porque ele está conectado às origens do Universo, como centelha ou fragmento da Divindade, que se originou daquela primeira manifestação de luz.

Por influência da tradição cristã sobre a Maçonaria, a Estrela Flamígera também está associada à *Estrela de Belém* ou *Estrela-Guia*, que revelou o nascimento de Jesus Cristo aos três Reis Magos (astrólogos) e, posteriormente, guiou-os até a cidade de Belém[22]. A estrela em consideração é mencionada no Evangelho de *Mateus*, aonde os magos vão até a cidade de Jerusalém. Nesta cidade eles encontraram-se com o rei Herodes da Judéia e perguntam onde teria nascido o rei dos judeus, conforme a profecia o livro de *Miqueias*[23]. Conhecendo a profecia,

Herodes enviou-os a Belém, para sul de Jerusalém. Em seguida, a Estrela Guia orientou-os até ao local onde estava Jesus, de modo a que pudessem prestar-lhe homenagem e oferecer-lhe presentes: ouro, incenso e mirra. Todavia, através de um sonho divino, os três Reis Magos são advertidos a não retornarem ao encontro do rei Herodes para revelar-lhe o local de nascimento do menino Jesus, pois o rei tinha a intenção de matá-lo. Por essa razão, eles regressaram por outro caminho.

15
O SELO DE SALOMÃO

O *Selo de Salomão* é um polígono composto por seis triângulos com pontas que convergem para um único ponto central. Embora bastante parecido com outro símbolo, a *Estrela de Davi*, o Selo de Salomão apresenta características distintas: na Estrela de Davi os triângulos são sobrepostos, ao passo que no Selo de Salomão, os triângulos são entrelaçados.

O Selo de Salomão é um legado que os patriarcas de Israel receberam como o resultado do encontro da cultura judaica com a de outros povos. Esse símbolo remonta às eras mais remotas da Humanidade, sendo uma representação mágica de diferentes povos e culturas.Acredita-se que os segredos do símbolo em consideração foram revelados a Salomão como parte de sua iniciação nos mistérios divinos. Assim, Salomão não seria somente o rei de Israel, mas também um mago, com um profundo conhecimento de poderes mágicos.

Existe um manuscrito antigo atribuído a Salomão chamado *O Testamento de Salomão*, no qual o rei de Israel é descrito como um poderoso mago capaz de construir o Templo de Jerusalém comandando demônios através de um anel mágico (com a representação do Selo de Salomão) que lhe foi confiado pelo Arcanjo Miguel. Parece que Jesus corrobora a existência desse manuscrito, pois, ao defender seu poder sobre os demônios, diante de um grupo de religiosos céticos, declara ser maior que Salomão.[24]

No Selo de Salomão, o ternário está traçado no espaço pela ponta culminante do céu, que se une por outras linhas retas ao Oriente e ao Ocidente. Na figura existe outro ternário que se afirma ser igual ao primeiro, mas sua outra vértice volta-se para profundeza e cuja base virada é paralela à linha horizontal que vai do Oriente ao Ocidente. Estes dois triângulos, reunidos numa só figura, que constitui uma estrela de seis raios, formam, então, o Selo de Salomão, a estrela mística que exprime do *macrocosmo* e do *microcosmo*. Nesse sentido, o Selo de Salomão representaria a ideia do infinito e do absoluto, abarcando, pois as realidades divinas e humanas, invisíveis e visíveis, espirituais e materiais, eternas e temporais, transcendentes e imanentes.

O Cristianismo sustenta que em Deus, que é único, coexistem três pessoas separadas e distintas: o Pai, o Filho e o Espírito Santo. Quanto ao modo como Deus pode ser "três em um", a resposta é simplesmente inacessível à inteligência humana, de modo que os teólogos chamam esta condição de *mysterium tremendum et fascinans*, isto é,um mistério sobrenatural diante do qual o homem treme e se fascina.Uma vez que se admita que Deus são três Entidades em uma só, é preciso esclarecer que este é o estado divino de repouso, de *não-criação*. Sendo assim, o triângulo com o vértice para cima é uma representação geométrica de Deus no seu estado de não manifestação, na misteriosa condição de Trindade.

Todavia, o triângulo com o vértice para baixo, significa a manifestação da Divindade em uma escala ontológica, física, concreta, visível, material. Portanto, o Selo de Salomão, que se identifica com a estrela de seis pontas e que constitui a união dos dois triângulos, expressa a união entre Deus e o mundo, bem como entre Deus e o homem.

16

O SOL E A LUA

Na Maçonaria, as representações do Sol e da Lua, normalmente estão presentes em cada lado da parede do Oriente, estando entre eles o trono do Venerável Mestre. Convém sublinhar que o Sol e Lua constituem um único símbolo, tanto é que na parede do Oriente ou no Painel do Aprendiz, eles estão sempre juntos, tendo a mesma dimensão. Sendo assim, nunca se vê na iconografia maçônica apenas um ou outro símbolo separadamente, porque se trata de uma só coisa.

O Sol é o símbolo por excelência da luz, que para a Maçonaria representa o conhecimento, o esclarecimento, a sabedoria, o entendimento, o discernimento e a Lei Divina. Essa luz, que está associada ao Sol emana do Oriente, onde se coloca o Orador, que pela natureza de sua função personifica o Sol, já que é dele que emana a luz, enquanto guardião da Lei. O Orador tem a função essencial de fiscalizar e aplicar com justiça e perfeição as normas e leis maçônicas. Para tanto, ele deve possuir muita experiência e conhecimento, a fim de que possa emitir opiniões seguras sobre a legalidade do que ocorre no transcorrer das sessões maçônicas.

A Lua está disposta ao lado do Secretário, porque este, na correspondência cósmica dos cargos em Loja, personifica a Lua, posto que reflete nas atas a Luz que vem do Orador, que é a personificação do Sol.Sob o ponto de vista administrativo, pode-se dizer que o Secretário é a "memória" da Loja. Sua função essencial consiste em relatar, resumir e transcrever em Ata tudo o que é dito ou transcorrido em Loja. E, por "espelhar a verdade" contida nas sessões maçônicas, o Secretário possui assento do lado direito do Venerável Mestre.

O Sol ilumina a coluna do Sul, ou seja, a dos Companheiros, a Lua ilumina a coluna do Norte, a dos Aprendizes. A Lua reflete a Luz do Sol na direção da coluna dos Aprendizes, que trabalham na sombra. E, entre o Sol e a Lua, encontra-se o Venerável Mestre, cuja função é dirigir os trabalhos "entre o meio-dia e a meia-noite", quer dizer, entre o Sol e a Lua.

O Sol é o emblema do meio-dia, ao passo que a Lua é o emblema da meia-noite, significando o início e o término dos trabalhos maçônicos. A origem desse simbolismo é atribuída ao profeta persa Zoroastro, cujos trabalhos secretos em seus templos ocorriam do meio-dia à meia-noite.

O meio-dia é o momento do dia em que há mais luz e a meia-noite é o momento em que há a maior escuridão. Na Maçonaria, o início dos trabalhos ao "meio-dia" (hora em que o Sol encontra-se na plenitude do seu poder luminoso), significa dizer que o maçom está capacitado a trabalhar por si mesmo e por seus semelhantes. O encerramento dos trabalhos na "meia-noite" significa dizer a hora em que a luz do dia já não se faz presente, quando não se pode mais trabalhar.

O sábio Salomão ensinou que o homem, na condição de um ser efêmero, deve aceitar que tudo quanto vier à sua mão para fazer, precisa ser feito com todas as forças, porque na sepultura, que é seu destino final, não há trabalho, nem projeto, nem conhecimento, nem sabedoria[25]. Jesus Cristo declarou que veio ao mundo para fazer o bem e realizar as obras de Deus: abrir os olhos dos cegos (da ignorância), tirar da prisão (dos vícios) os presos e do cárcere (da maldade) os que habitam em trevas[26]. Mas essa obra, disse o Divino Mestre, precisaria ser realizada enquanto é dia, pois a noite viria quando já não se poderia mais trabalhar.[27]

No simbolismo maçônico, o Sol e a Lua, que dentre muitas coisas, significam o trabalho do maçom do "meio-dia até meia-noite", ensinam que o homem aprende durante a primeira parte de sua vida, mas somente quando chega ao "meio-dia" de sua existência que ele poderá ser útil à Humanidade. À vista disso, do "meio-dia até meia-noite" o maçom deve trabalhar com todas as forças para lapidar sua Pedra Bruta e para construir um mundo mais justo e fraterno, porquanto em breve chegará a "meia-noite", que é a figura da decrepitude e da morte.

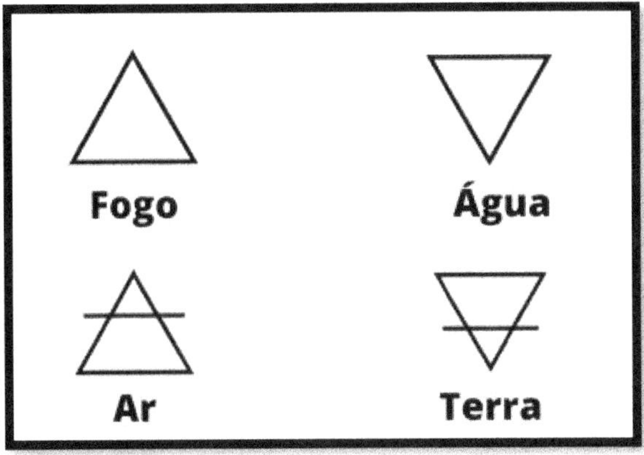

17

OS QUATRO ELEMENTOS

Nos primórdios da filosofia grega houve por parte dos filósofos *pré-socráticos*, a tentativa de explicar qual era a *arkhé*, ou a *causa* material de todas as coisas. Para Xenófanes de Cólofon, a causa em consideração era a *Terra*. Para Tales de Mileto o princípio originador do Universo era a *Água*. Para Anaxímenes de Mileto, o *Ar*. E para Heráclito de Abdera, o *Fogo*.

Todavia, o filósofo Empédocles de Agrigento, sustentou que o Universo não era composto por um único elemento, mas por quatro: Terra, Ar, Água e Fogo. Surgiu, então, no Ocidente, a teoria dos *Quatro Elementos*.

Posteriormente, o filósofo Aristóteles retomou essa teoria, que perdurou nos séculos subsequentes, chegando até a Era Moderna. Embora a teoria dos Quatro Elementos esteja associada aos primeiros filósofos gregos, não surgiu exclusivamente no Ocidente, pois já existia no Pensamento Oriental, tanto na Índia como na China, mesclada com conceitos religiosos.

É manifesto que não interessa à Maçonaria o debate filosófico-científico em torno da natureza material do Cosmos, por isso a teoria dos Quatro Elementos só tem relevância quando abordada sob um prisma estritamente esotérico. Na Maçonaria, os Quatro Elementos são representados, sobretudo no ritual de Iniciação.

O elemento Terra representa o útero materno na forma da *Câmara de Reflexão*, onde o iniciado é conduzido a refletir sobre sua nova vida, já que está prestes a morrer para o mundo profano e renascer para a Maçonaria.

A Câmara de Reflexão é um lugar secreto no interior da Loja, onde cada iniciado deve entrar uma única vez em toda sua vida maçônica. Normalmente, ela é construída com uma entrada secreta, de tamanho pequeno que mimetiza uma gruta, caverna ou túmulo. No seu interior são encontrados a sigla V.I.T.R.I.O.L., uma ampulheta, um tinteiro com uma caneta, um crânio humano, um pão, um recipiente com sal e outro com enxofre, um galo, velas e formulários que devem ser preenchidos.

O candidato que se encontra na Câmara de Reflexão deve ler algumas instruções que estão expostas em um cartaz, a exemplo da frase: "Se queres bem empregar a tua vida, pensa na morte". O silêncio o incita à uma meditação profunda sobre sua existência terrena e, o cheiro de mofo, juntamente com os símbolos mortuários,servem para conscientizar que a morte chega para todos os homens. Desse modo, o neófito terá plena convicção de que regressou simbolicamente ao "ventre materno" da Terra e que deve "renascer" para uma nova vida no interior da Maçonaria.

Depois dessa etapa, já no interior do templo, o candidato à Iniciação passa por sua *Primeira Viagem*. Esta viagem, com a simulação de ruídos e trovões, representa o elemento Ar, que pelas contínuas flutuações designa a vida humana em suas intempéries, incertezas, variações e contradições. O Ar é o emblema das conturbações inerentes à existência humana, as quais precisam ser aceitas e corajosamente superadas pelo futuro maçom, em sua caminhada na direção da virtude e da verdade.

A *Segunda Viagem* é exercida pelo elemento Água cuja função essencial é justamente a purificação. Na Maçonaria, a purificação simbólica pela Água tem o objetivo de limpar o neófito de todas as impurezas morais. A Água simboliza, pois, a purificação da alma, que é conduzida ao estado de boa consciência e paz interior, que constitui o segredo infalível da felicidade.

Por fim, na *Terceira Viagem* do candidato a maçom destaca-se o elemento Fogo, que é concebido como a substância capaz de queimar todo o resíduo de impureza, extirpando, assim, todos os vícios que porventura continuem a manchar a alma, impedindo-a de progredir. A Água, com efeito, purifica a Alma, mas o Fogo destrói todas as nódoas do vício. Além do mais, na Iniciação as chamas do fogo objetivam inflamar o coração do neófito com o verdadeiro amor ao próximo, a fim de que ele conserve um ardente entusiasmo pela filantropia.

18

O V.I.T.R.I.O.L.

V.I.T.R.I.O.L. é a sigla da expressão latina *Visita Interiora Terrae, rectificando, invenies occultum lapidem*, que traduzido significa: Visita o interior da Terra e, retificando-te, encontrarás a Pedra Oculta. Essa expressão de cunho hermético é atribuída ao monge beneditino Basile Valentin, que viveu na Alemanha no século XV e originalmente tinha um sentido místico.

Em certo momento do ritual de Iniciação o neófito se depara com a sigla V.I.T.R.I.O.L., que a princípio é totalmente enigmática. Esta sigla normalmente está presente na Câmara de Reflexão, que é o local onde o candidato a maçom entra e reflete sobre sua mortalidade e consequente necessidade de elevação moral e espiritual. Somente algum tempo depois, ao estudar a matéria e ao presenciar diversas Iniciações, o maçom começará a compreender seu profundo significado esotérico.

Conforme já vimos, a Câmara de Reflexão representa o útero da Mãe Terra, de onde os iniciados nascem para uma nova vida. No interior da Terra, o *homem profano* morre para depois nascer como *homem maçom*. E, como qualquer iniciação, esse processo figura a morte material do profano e o seu ressurgimento como maçom, num plano moral e espiritual mais elevado.

Encontramos na Bíblia Sagrada a história do profeta Jonas que precisou ficar três dias dentro da barriga de um grande peixe para que pudesse compreender o sentido de sua missão profética dada pelo próprio Deus. E, ao ser expelido pelo peixe, finalmente cumpriu sua missão ao pregar ao povo de Nínive, que veio a se converter. Semelhantemente, Jesus Cristo desceu ao seio da Terra e lá ficou por três dias, antes de sua Ressurreição, que resultou na transformação de um corpo material e corruptível em um corpo glorioso. E, somente depois desse evento miraculoso as Boas-Novas puderam ser comunicadas ao mundo.

Depois de visitar o interior da Terra, que significa o Eu interior, o qual é representado na Iniciação pela Câmara de Reflexão, é preciso ao maçom retificar-se, corrigir-se, purificar-se, aprumar-se, ou mesmo santificar-se.Na verdade, é nesse momento de profunda solidão existencial, no diálogo da alma consigo mesma, que o novo homem se corrige interiormente, deixando de lado todos os vícios da vida profana para adotar um novo e mais perfeito padrão de conduta moral. E, ao fazer isso, revela-se na experiência subjetiva do maçom, a existência da Pedra Oculta, que reside no interior de cada homem.

Embora a Pedra Oculta se manifeste à consciência do maçom, revelando o seu potencial divino para alcançar a perfeição, ela ainda se encontra em estado bruto, necessitando ser lapidada, o que pode só pode ocorrer com a disciplina, com o aprendizado constante e com a prática da caridade. A lapidação da Pedra Bruta é um processo doloroso, moroso e delicado, porém, imprescindível para fazer progredir aquele que encontrou dentro de si o que o diferencia de todas as demais criaturas do mundo: a centelha divina! Isso significa que o ser humano possui em si mesmo, no seu interior, uma partícula, fagulha ou faísca que se desprendeu do Criador, e isso o torna (potencialmente) na Terra um "pequeno deus".

A menção ao termo "Pedra Oculta" no V.I.T.R.I.O.L. é originária dos alquimistas, os quais acreditavam na existência da Pedra Filosofal, ou seja, aquela substância misteriosa que transformava os mais vis metais em metais raros e preciosos. Para muitos alquimistas, os metais poderiam atingir o estado de perfeição, transformando-se em ouro.

Todavia, para a Maçonaria, a verdadeira Pedra Filosofal estaria mais associada à transformação mental, à evolução espiritual do homem, donde o conceito esotérico de *Alquimia Mental*. A Alquimia Mental se refere ao ato de alterar os pensamentos, os valores, as crenças e as emoções, transformando, por conseguinte,a vida como um todo.

Pode-se dizer, que o ser humano é um ser intermediário entre o animal e a Divindade. É manifesto que ele possui inclinações naturais semelhantes às dos animais, mas também possui atributos considerados divinos, como a inteligência, a consciência, a liberdade e a espiritualidade. Por isso, o ser humano pode tanto degradar-se nos vícios e nas paixões, tornando-se escravo dos instintos, como elevar-se à condição divina, religando-se com o Ser Supremo e trabalhando para o bem da Humanidade. Desse modo, através do acesso à Pedra Oculta, também chamada de Pedra Filosofal, será possível ao maçom tomar consciência do seu potencial divino, de modo a transformar-se a si mesmo em um ser cada vez mais perfeito.

19

O OBELISCO

O *Obelisco* é um monumento religioso que surgiu no Antigo Egito e caracteriza-se por um pilar de pedra em forma quadrangular alongada que se afunila na direção de sua parte mais alta, culminando em uma ponta piramidal, chamada de *piramídio*. Este constitui a peça superior do Obelisco, e era feito geralmente de granito ou calcário, banhado por ouro a fim de refletir os raios do Sol.

O Obelisco mais antigo que se conhece foi erigido há cerca de 4 mil anos atrás em honra ao deus egípcio *Rá*, que era o deus do Sol. O culto a esse deus foi muito promissor no Antigo Egito, sendo a principal forma de adoração por cerca de vinte séculos. Rá era a divindade mais importante do panteão egípcio, sendo o responsável pela criação de tudo o que existe, incluindo os deuses e os seres humanos. Normalmente, Rá era representado pelo Sol do meio-dia ou pela imagem de um falcão.

Além de representar diretamente o deus Rá, o Obelisco também tinha um significado *fálico*. O falo (ou a representação do pênis ereto) era cultuado pelos egípcios e povos antigos como um signo de fecundidade, poder e virilidade. As primeiras representações fálicas surgiram na Pré-história. Os *menires*, por exemplo, que são monumentos pré-históricos de pedra cravados verticalmente no solo, visavam espelhar a virilidade masculina ligada ao falo.

Com o passar do tempo e, por influência da cultura egípcia, o Obelisco foi incorporado por diversos povos. Nos Estados Unidos da América, o *Monumento a Washington* (Obelisco com quase 170 metros de altura) foi construído para homenagear George Washington (1732-1799), que foi um eminente maçom e o primeiro presidente norte-americano.

É comum existirem obeliscos em praças públicas ou locais importantes de qualquer cidade e isso é feito por iniciativa da Maçonaria. Quando a Maçonaria fixa um Obelisco em alguma cidade, isso significa uma forma de demonstrar sua presença e influência nesse local. Trata-se, pois, de um marco maçônico que indica que a cidade possui Lojas regularmente constituídas, pujantes, justas e perfeitas.

Todavia, sob uma perspectiva mais esotérica, o simbolismo do Obelisco implica que a Maçonaria coloca-se na sociedade humana como um elemento ativo, vigoroso, atuante e dominante, já que o monumento em apreço indica o poder do gênero masculino.

Conforme a *Lei do Gênero*, atribuída ao filósofo egípcio Hermes Trismegisto, o gênero está manifestado em todas as coisas: o princípio *masculino*, de natureza *ativa*, e o princípio *feminino*, de natureza *passiva*, atuam em todos os domínios da existência. A finalidade fundamental da Lei do Gênero diz respeito à criação, já que é necessário o encontro dos princípios masculino e feminino para a geração de todas as coisas, incluindo a própria vida. A Maçonaria encarnaria no mundo o gênero masculino, pois visa atuar positivamente sobre a sociedade, a qual encarnaria o gênero feminino, criando nela condições sociais mais justas.

O relato inicial do livro de *Gênesis* descreve a presença do princípio masculino e feminino no processo de criação do mundo. A Terra, o elemento passivo, estava estática, sem forma e vazia. O Espírito Divino pairava sobre a face das águas, até que por sua atuação todas as coisas foram criadas. O Espírito é uma substância essencialmente ativa, atuante, dinâmica. A matéria, por sua vez, é um elemento passivo, plástico, moldável, submisso ao controle do Espírito.

O Espírito Divino, com efeito, pertence ao gênero masculino, porque contém em si o potencial criativo, carregando as infinitas sementes da transformação sobre o mundo material, que se caracteriza pelo gênero feminino. E, assim como a Terra estava vazia, carecendo, pois, da vida emanada do Espírito Divino, no plano da sexualidade o ventre da mulher é vazio de vida até que abrigue a semente da criação, oriunda do órgão sexual masculino.

O princípio masculino (concretizado no Obelisco), tem função de dirigir uma certa energia para o princípio feminino e assim pôr em atividade o processo criativo. No domínio físico, a Lei do Gênero se manifesta como sexualidade, nos planos superiores adquire formas superiores, mas é sempre a mesma realidade.

Em suma, o simbolismo do Obelisco significa Rá, o deus do Sol, o deus supremo, criador de todas as coisas. Também pode significar o Grande Arquiteto do Universo, a inteligência ordenadora do Cosmos. Esotericamente, significa o gênero masculino, que por sua natureza é ativo, dominador e criador, donde a imagem fálica presente no monumento. Assim, quando a Maçonaria se utiliza desse monumento, além de louvar a Divindade, quer comunicar a ideia de que sua função na sociedade não é passiva, mas ativa, orientadora e criadora.

20
A ESPADA

Na Maçonaria, a *Espada* é utilizada desde os tempos mais remotos como o símbolo da *proteção*, do *poder* e da *justiça*. E, assim como o Obelisco, a Espada não deixa de ser um símbolo fálico.

No início de qualquer sessão maçônica, encontramos o *Guarda do Templo* armado com uma espada, em posição de defesa, significando que o local está protegido tanto interna como externamente. Compete ao Guarda do Templo zelar para que a Loja fique coberta (ou protegida) ante os olhares profanos. Assim, o Guarda do Templo está armado com uma espada para uma eventual luta contra qualquer um que pretenda perturbar o bom andamento dos trabalhos.

A Espada também representa a proteção mística, contra as energias e vibrações negativas que podem vir a prejudicar a *egrégora* maçônica. Em termos místicos e sobrenaturais, a Espada teria a função de proteger energeticamente o espaço em que ocorre o ritual maçônico, e esse seria um dos seus mais sublimes significados. Pode-se verificar a função de proteção sobrenatural ligada à Espada na Bíblia Sagrada. Quando Deus baniu Adão e Eva do Jardim do Éden estabeleceu *querubins* com uma *espada flamejante* que se movia em todas as direções, a fim de evitar que alguém tivesse acesso àquele local sagrado.[28]

Além da proteção mística, a Espada simboliza o poder que o maçom deve exercer constantemente contra suas próprias paixões. Na tradição islâmica existe o conceito religioso da *jihad*, que é um termo árabe que significa "luta", "guerra", "esforço" ou "empenho". E, ao contrário do que muitas vezes é veiculado, a *jihad* não significa simplesmente uma guerra física (*jihad menor*), pois implica fundamentalmente em uma guerra espiritual contra as más inclinações humanas (*jihad maior*), com o objetivo de aperfeiçoar o caráter do próprio fiel. Semelhantemente, o maçom deve com sua "espada" travar uma batalha invisível contra suas paixões e, sem jamais esmorecer ou desanimar, prevalecer sobre suas fraquezas morais.

Na mitologia grega, *Têmis* é conhecida como a deusa da justiça, a qual é representada com uma venda nos olhos, carregando na mão esquerda uma balança e na mão direita uma espada, uma completando a outra.

A deusa da justiça aparece vendada para indicar o julgamento das ações humanas sem a necessidade de se ver a figura da pessoa julgada. A venda sobre os olhos expressa a imparcialidade da justiça, que jamais julga segundo a aparência, mas conforme a Lei. Têmis segura uma balança, que é o símbolo da igualdade, demonstrando haver equilíbrio nos processos, de modo que não há diferença entre os seres humanos quando seus erros e acertos são julgados. Têmis ainda porta na mão direita uma espada, que simboliza o poder e a força aplicada contra a injustiça e o mal. Assim sendo, a Espada representa a capacidade de exercer o poder que a justiça possui, além de expressar a ideia de que a condenação será rigorosa para quem descumprir as leis.

A Espada também pode significar a perfeita justiça que emana da Divindade, cuja razão e equidade é superior à justiça terrena, que amiúde é falível. A justiça divina, mais cedo ou mais tarde se manifesta e corrige a justiça humana quando é imperfeita ou não cumpre com sua missão de conceder a cada um aquilo que lhe pertence. O evangelista João (10-103) narra em termos alegóricos a manifestação da perfeita justiça divina contra a Humanidade no final dos tempos[29]: "Então, vi no céu aberto um cavalo branco, e seu cavaleiro chama-se Fiel e Verdadeiro. Ele julga e luta com justiça [...] Uma espada afiada saía-lhe da boca, para ferir com ela as nações. Ele as regerá com cetro de ferro; e ele mesmo é o que pisa o lagar do vinho do furor da ira do Deus Todo-poderoso

21
O PELICANO

O simbolismo maçônico do *Pelicano* origina-se em uma comovente fábula medieval, segundo a qual o pelicano, quando não encontra o alimento para sustentar seus filhotes, rasga seu próprio ventre a fim de alimentá-los com seu sangue. Desse modo, o símbolo do Pelicano, mormente estudado no 18° Grau do *Rito Escocês Antigo e*

Aceito (R.E.A.A.), indica as qualidades da caridade, do sacrifício, da abnegação e do desprendimento.

Na Idade Média, o Pelicano era considerado o emblema de Jesus Cristo, o qual derramou o seu próprio sangue em benefício da Humanidade. Ele mesmo disse: "Ninguém tem maior amor do que aquele que dá a própria vida pelos seus amigos"[30]. Essa realidade também é expressa no texto do *hino cristológico* do apóstolo Paulo (5-67), em *Filipenses*[31], onde ele tece sua ampla e profunda concepção do sacrifício de Jesus.

Na passagem em apreço, Paulo apresenta o extraordinário exemplo de Jesus, o qual não procurou sua própria glória, mas humilhou-se a si mesmo ao assumir a condição humana. Com isso, Paulo exorta os seus leitores a serem participantes da humilhação de Cristo, esvaziando-se do orgulho e renunciando toda presunção humana.

Paulo ainda evidencia a divindade de Jesus e seu processo de esvaziamento, quando este assume a condição de servo, tornando-se, por conseguinte, semelhante aos homens. E, dessa forma, humilhando-se a si mesmo, ele foi obediente até a morte, e a morte mais desprezível e humilhante que pode existir, qual seja, a morte de cruz.

Embora Jesus fosse consciente de ser o Filho de Deus, ele se coloca humildemente entre os homens, sem exigir deles qualquer prerrogativa divina ou tratamento especial. Na sua atitude de esvaziamento, Jesus revelou o Reino de Deus, e mostrou que não estava apegado a nenhum privilégio e, além disso, se ofereceu como um sacrifício vivo para reconciliar a Humanidade com Deus. Em virtude de tal sacrifício, Deus o ressuscitou dentre os mortos e lhe concedeu o nome que está acima de todo o nome.

Outro extraordinário exemplo de abnegação ocorreu mais recentemente. Em 1955 Ngo Dinh Diem (1901-1963) se tornou o primeiro presidente do Vietnã do Sul depois da independência e divisão do Vietnã. Embora a maioria da população vietnamita fosse budista, o regime de Ngo era declaradamente católico. Assim, ao assumir a presidência, Ngo declarou que o país seria devoto da Igreja Católica, estabelecendo políticas persecutórias contra os budistas.

Diante dessa situação opressora, ocorreu um verdadeiro ato sacrificial pela liberdade religiosa que marcou a história do século XX. Em 11 de junho de 1963, o monge Mahayana Thích Quảng Đức (1897-1963) ateou fogo em seu próprio corpo em um processo de auto-imolação para protestar contra o governo de Ngo. Na ocasião, um dos monges que acompanhava Thích despejou um galão de gasolina sobre seu corpo. Thích ascendeu, então, um palito de fósforo e ateou fogo em si mesmo, queimando por cerca de 10 minutos. Durante esse período, Thích se manteve impassível, firme e imóvel na posição meditativa em que se encontrava, tombando para trás somente quando morreu. Desse modo, o monge foi capaz de negar seu instinto de auto preservação e sacrificar-se por toda a comunidade religiosa budista de seu país.

O símbolo do Pelicano suscita uma profunda comoção por evocar a extrema abnegação daquele que nega-se a si mesmo pelo benefício de outrem. No simbolismo maçônico, o Pelicano é o signo mais característico da caridade, do sacrifício e da devoção à Humanidade ou a algum outro nobre ideal. O Pelicano, com efeito, serve-se de sua carne, de seu sangue e de sua vida para alimentar sua prole, por isso ele é o emblema moral mais significado da Ordem maçônica. Esta exige, pois, que o maçom se encaminhe para a senda da perfeição, desprendendo-se de todos os sentimentos egoístas e desenvolvendo os mais puros sentimentos altruístas.

22

A CORUJA DE MINERVA

A coruja é uma ave predadora de hábitos noturnos e está muito adaptada à caça em ambientes onde a luminosidade é escassa, já que ela tem uma visão muito acurada. A coruja não consegue mover os olhos, mas pode girar a cabeça em 270°, o que amplia o seu campo de visão. Além disso, a coruja apresenta uma audição muito desenvolvida, sendo capaz de perceber pequenos ruídos a uma longa distância.

A coruja é a ave que reina soberanamente na noite, nas trevas, na escuridão. Ela é capaz de enxergar através do escuro, de modo que percebe coisas que os demais animais não conseguem. À vista disso, o simbolismo da *Coruja* significa essencialmente a inteligência, a perspicácia, o discernimento, a intuição e a sabedoria. Em muitas culturas a coruja é considerada uma representação do mal, das trevas e da morte, mas a Maçonaria reconhece esse animal como o signo por excelência da sapiência.

Na mitologia grega, *Atena* ou *Palas Atena* é a deusa da sabedoria, da estratégia em batalha, das artes e da justiça. Atena era a protetora dos filósofos, poetas, heróis e arquitetos. Segundo a narrativa mítica, Atena nasceu diretamente da cabeça de *Zeus* já crescida, armada e entonando um forte grito de guerra. A deusa logo manifestou uma extrema inteligência e a capacidade de elaborar as mais eficazes estratégias militares. Atena era tão implacável que nem o deus da guerra *Ares*, conseguia derrotá-la. E ela tinha como símbolo a coruja. Posteriormente, com a ascensão do Império Romano e assimilação da Mitologia Grega na cultura romana, a deusa Atena passou a se chamar *Minerva*, razão pela qual a coruja passou a ser conhecida como "Coruja de Minerva".

A Coruja simboliza a reflexão, o conhecimento racional aliado ao espiritual, que permite discernir o que quer que seja mesmo nas mais "densas trevas", por isso tornou-se o símbolo da Filosofia Maçônica. Assim como a coruja, que pode girar quase completamente sua cabeça, permitindo-lhe olhar por todos os ângulos, o maçom precisa desenvolver a capacidade de analisar um mesmo objeto sob várias perspectivas. E, assim como a coruja pode enxergar na escuridão, o maçom deve ser capaz de lançar luz sobre os mais obscuros conceitos, símbolo se alegorias, que estão ocultos ao olhar profano. O maçom também deve "raptar" para a Sublime Instituição os mais excelentes homens a fim de torná-los ainda melhores.

Aliás, no canto direito superior da nota americana de 1 dólar, acima do número 1, encontra-se uma pequena coruja, praticamente imperceptível, posta ali,não por acaso, mas por iniciativa maçônica. Na nota, a Coruja está oculta aos olhos dos profanos, mas ela observa tudo de cima, com uma visão privilegiada e com total discrição. Semelhantemente, a Maçonaria mantém seus mistérios e arcanos ocultos do mundo profano, sendo capaz de compreender o mundo e a vida como nenhuma outra instituição, a ponto de os mais eminentes maçons, como a discreta ave, jamais serem reconhecidos publicamente.

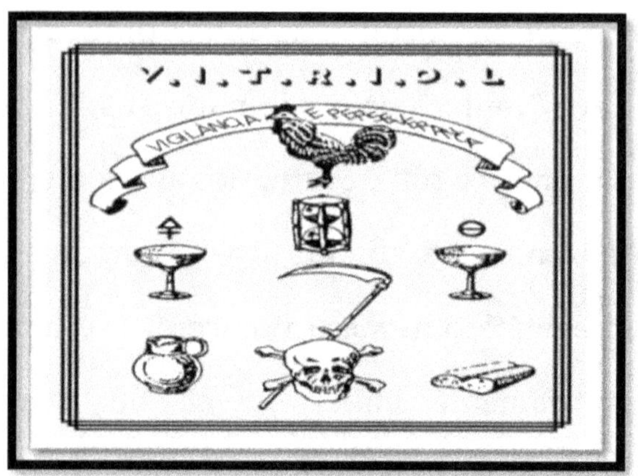

23

O GALO

O *Galo* é um símbolo comum a várias tradições religiosas e culturais dos mais diferentes povos da Terra. Nas doutrinas esotéricas ancestrais esse animal surge como uma espécie de ente celestial que proclama a "ressurreição solar", donde a ideia de renovação espiritual ligada ao seu canto.

No Cristianismo, existe a *Missa do Galo*, que também é conhecida como *Missa da luz*. A Missa do Galo é celebrada na Véspera de Natal, na meia-noite do dia 24 para o dia 25 de dezembro. A expressão "Missa do Galo" surgiu da lenda segundo a qual à meia-noite do dia 24 de dezembro um galo teria cantado vigorosamente, anunciando a vinda de Jesus Cristo. Na verdade, tal celebração é manifestamente inspirada nos cultos antigos em que se escolhia o solstício do inverno para prestar culto à *Mitra*, o deus-Sol. Todavia, o Cristianismo substituiu essa tradição, de origem romana e pagã, pela festa cristã do *Natal*, que cultuaria Jesus Cristo, o verdadeiro Deus-Sol.

A *Câmara de Reflexão* é um lugar secreto no interior da Loja maçônica, onde cada iniciado deve entrar uma única vez em toda sua vida maçônica. Normalmente, ela é construída com uma entrada secreta, de tamanho pequeno que imita uma gruta, caverna ou túmulo. E, no seu interior, existem muitos elementos, dentre os quais a representação do Galo. Este anuncia ao neófito que em breve ele sairá da escuridão da vida profana para a luz da Maçonaria.

O Galo desperta a aurora, convoca a Humanidade a ter esperança em um novo dia e seu canto proclama a vitória da Luz sobre as Trevas. O Galo é considerado o arauto do Sol que comunica sua ressurreição. Assim, quando a luz, oriunda do oriente, começa a clarear o céu, o Galo proclama um novo dia, uma nova oportunidade e um novo recomeço.

Outrossim, o Galo aponta para a necessidade da vigilância por parte do maçom em relação às suas ações.E vigiar significa "observar", "ficar desperto", "acordado", "atento", "estar alerta" com o objetivo de evitar o comportamento negligente e indolente que pode conduzir o maçom a cair nos vícios. Sendo assim, o bom maçom deve exercer plena vigilância sobre suas más inclinações, corrigindo-as e procurando tornar-se moralmente digno da aurora que se aproxima, quando então irá contemplar a luz da verdade.

24
O BODE

É manifesto que desde a aurora dos tempos nenhum profano foi capaz de penetrar nos excelsos segredos da Maçonaria. Por isso, a imagem do *Bode*, embora não seja propriamente um símbolo maçônico, passou a estar associada ao segredo, ao silêncio e à confidência entre os irmãos maçons.

No Antigo Testamento havia o *Bode Expiatório*, que era usado para carregar simbolicamente os pecados do povo de Israel. Isso ocorria uma vez por ano, no *Dia da Expiação* (*Yom Kippur*). Neste dia, o povo deveria trazer dois bodes para o templo, o sumo sacerdote "lançava sortes" e um dos bodes era sacrificado como oferta por todos os pecados do povo[32]. Assim, o sangue no animal era levado diante de Deus e servia como substituto, levando o castigo que o povo merecia pelo pecado. O segundo bode era o Bode Expiatório, sobre o qual o sumo sacerdote colocava as mãos e confessava verbalmente os pecados do povo. Desse modo, o sacerdote transferia simbolicamente os pecados do povo para o bode, o qual era conduzido para o deserto, representando a maneira como Deus afastava os pecados do povo com seu perdão.[33]

Com base nessa prática judaica, o bode pode ser considerado o símbolo do silêncio absoluto, de modo que confessar um segredo a um bode garantiria que o mesmo seria absolutamente salvaguardado. E, assim como o bode, o maçom nada fala publicamente sobre os mistérios maçônicos aprendidos em Loja ou de algum outro irmão, de modo que os segredos da Ordem sempre são mantidos em perpétuo silêncio.

Depois do sacrifício do Bode Expiatório, praticado pelos judeus, o Cristianismo considerou Jesus Cristo o verdadeiro Bode Expiatório, o qual foi crucificado para expiar os pecados da Humanidade. Posteriormente, em 1215, no *Concílio de Latrão*, a Igreja Católica instituiu o modelo da *confissão auricular*, transformando o padre numa espécie de bode: o fiel deveria confessar todo o seu pecado ao padre para obter deste o perdão e o conteúdo da confissão ficaria oculto.

No ano de 1096, a Igreja Católica criou a *Ordem dos Cavaleiros Templários* para proteger a cidade de Jerusalém contra os muçulmanos, mas com o passar do tempo a ordem religiosa passou a ser muito rica e influente, tanto na Europa como no Oriente Médio. Em 1305, o rei da França Filipe IV (1285–1314), resolveu obter o controle sobre os bens dos templários, acusando-os falsamente de adorar uma entidade demoníaca chamada *Baphomet*.

Em 1307, o Grão-mestre Jacques de Molay (1244-1314)e seus cavaleiros foram presos e por sete anos sofreram toda sorte de torturas. Não obstante, Jacques de Molay manteve sua fidelidade para com seus companheiros, recusando-se também a indicar o local onde ficavam as riquezas da Ordem. Por fim, em 18 de março de 1314, o Grão-mestre e seus cavaleiros foram queimados por determinação de Filipe IV. Com tal atitude, Jacques de Molay passou a ser reconhecido na Maçonaria como um exemplo de moralidade, já que preferiu morrer em vez de quebrar seu juramento de lealdade.

Na Maçonaria, o 23º *Landmark* diz respeito ao sigilo da instituição, já que todos os conhecimentos recebidos, as lendas e as tradições devem ser conservados secretos e só podem ser comunicados a outros irmãos. Isso posto, o maçom tem a obrigação de manter total discrição perante os profanos, de modo que tudo o que vê e ouve dentro de uma Loja maçônica precisa ser mantido em sigilo. Em relação a esse dever, o neófito precisa prestar o seguinte juramento no ritual de Iniciação: "Juro e prometo, de minha livre vontade e por minha honra, em presença do G.A.D.U. [...] nunca revelar os mistérios da Maçonaria que me vão ser confiados, senão em Loja regularmente constituída; nunca os escrever, gravar, imprimir ou empregar outros meios pelos quais possa divulgá-los".

A Maçonaria sempre foi reconhecida pela conduta moral dos seus membros, bem como pelos segredos rigorosamente mantidos. Isso ocorre, porque na Maçonaria um juramento é muito mais importante que um mero contrato escrito, pois o vínculo do juramento maçônico transcende o mundo físico, envolvendo, pois, um compromisso mental, psíquico e espiritual. Esse juramento estabelece um vínculo definitivo que jamais pode ser rompido, porque não compromete o maçom com um ser humano qualquer, mas com o Grande Arquiteto do Universo. E toda a vez que o maçom quebra essa regra fundamental comete o hediondo pecado de *perjúrio*. O perjúrio significa jurar falso ou quebrar o juramento feito. Assim, quem jura não revelar os segredos maçônicos e não cumpre, só pode merecer rejeição e desprezo, sob a pena de ter "a garganta cortada, a língua arrancada pela raiz e o corpo enterrado na maré baixa".

A lenda maçônica de Hiram Abiff, dentre as muitas lições morais e espirituais que ensina, aponta para o dever de jamais revelar os segredos da Sublime Instituição, mesmo sob ameaça de morte.Segundo a lenda em apreço, Hiram Abiff era um homem de Tiro, o filho de uma viúva e o arquiteto chefe do Templo construído pelo Rei Salomão. Hiram Abiff era o único que conhecia os segredos ocultos de um Mestre Maçom, incluindo o mais importante deles, a palavra secreta e inefável do nome de Deus. Hiram Abiff prometeu revelar aos seus companheiros os segredos de um Mestre Maçom, incluindo o nome divino, mas somente ao se completar a construção do Templo, quando eles tornar-se-iam Mestres.

Como era seu costume, Hiram Abiff foi ao meiodia no inacabado Templo de Salomão a fim de orar e traçar os planos de trabalho para os obreiros seguirem no dia subsequente. Todavia, ao sair do Templo, Hiram Abiff foi abordado por três obreiros sucessivamente, os quais exigiram receber dele os segredos de um Mestre Maçom. Na ocasião, ele foi constrangido e agredido com uma *régua* pelo primeiro operário, chamado *Jubela*, mas conseguiu escapar. Ao ser abordado por *Jubelo*, o segundo operário, Hiram Abiff novamente se recusou a divulgar os segredos do Mestre Maçom e foi agredido por um esquadro. *Jubelum*, o terceiro operário, abordou-o e, quando Hiram Abiff novamente se recusou a divulgar os segredos maçônicos, foi golpeado com um malho na testa e acabou morrendo. Esta é, então, parte das várias versões da lenda de Hiram Abiff, que procura imprimir na consciência do maçom o compromisso inegociável de jamais revelar os segredos da Arte Real.

25

O BAPHOMET

Conforme já examinamos, no século XII os Cavaleiros Templários foram acusados de adorar um ídolo chamado de *Baphomet*. Jaques de Molay, o Grão-Mestre da ordem, juntamente com todos os seus irmãos, morreram por causa dessa falsa acusação. Embora o Baphomet seja eventualmente estudado como parte dos elementos simbólicos da Maçonaria, bem como muitas outras matérias, jamais é adorado.

No século XIX, a acusação de que os maçons adoram o Baphomet foi retomada e difundida pelo escritor antimaçom Léo Taxil (1854-1903). Este foi expulso da Maçonaria em 1882 por ter realizado alguns plágios e, querendo se vingar, começou a escrever livros que revelavam supostos segredos maçônicos, dentre os quais, o culto a Baphomet.

Na verdade, a figura do Baphomet como a conhecemos (bode humanóide com asas, seios e uma tocha no meio de dois grandes chifres) foi inventada pelo escritor Eliphas Levi (1810-1875) para representar uma série de conceitos esotéricos em seu livro *Dogma e Ritual da Alta Magia*. Eliphas Levi é a tradução hebraica de Alphonse Louis Constant, que foi um abade francês e o maior ocultista do século XIX.

A figura do Baphomet encerra em si um simbolismo sincrético, retirado de diversas fontes, tais como a mitologia egípcia, as Religiões de Mistério, a Alquimia, o Judaísmo, a Cabala, o Cristianismo e o Gnosticismo.Ele é concebido como uma entidade inocente e benévola, de modo que jamais poderia ser confundido com o Diabo.

Não existe consenso entre os estudiosos quanto à etimologia da palavra "Baphomet", mas aceita-se que essa expressão advém da junção de dois vocábulos gregos: "Baphe", que significa "batismo" e "Metis", que significa "sabedoria". Sendo assim, Baphomet significaria "Batismo de Sabedoria".

O que torna a imagem de Baphomet um tanto ou quanto assustadora são os seus elementos binários. Estes representam o equilíbrio dos opostos: ele é meio humano e meio animal, meio macho e meio fêmea (andrógeno), meio bom e meio mal, meio espiritual e meio material etc.

Na cosmologia tradicional, que remonta aos primeiros filósofos gregos, existem na Natureza quatro elementos primordiais: *Água, Terra, Ar* e *Fogo*. Eliphas Levi inclui na figura de Baphomet esses quatro elementos, mas sob uma perspectiva esotérica e mística. A barriga do Baphomet está coberta por escamas, e isso simboliza a Água; as asas negras representam o Ar; a cabeça, que é uma mistura dos caracteres do cão, do touro e do bode, representa o elemento Terra. E, por fim, o facho de luz entre os chifres de Baphomet, que indica o Fogo da Inteligência.

O elemento Água, fonte e origem da vida, está ligado ao princípio feminino e passivo. Em quase todos os mitos de criação a Água está associada ao caos, ao estado amorfo do Universo antes de vir à existência. E por ser considerada como um elemento feminino e passivo, a Água se oporia ao elemento Fogo.

O elemento Terra, que constitui a matéria-prima do Universo, está igualmente associado ao princípio feminino e passivo. Aliás, em inúmeras culturas arcaicas a Terra é chamada de "Mãe Terra". Na configuração dos elementos a Terra se oporia ao Ar devido à sua feminilidade e passividade. O elemento Terra também está associado ao mundo da *imanência*, da materialidade.

O elemento Ar, por ser sutil e invisível, constitui o elemento ligado à espiritualidade, à *transcendência*. Ele é considerado como o meio de conexão entre o Céu e a Terra. A sua característica de mobilidade o conecta com o sopro divino. No livro do *Gênesis*, Deus torna Adão vivo através do seu sopro gerador, concedendo-lhe de uma alma vivente. E, diferentemente dos elementos anteriores, o Ar é um elemento masculino e ativo.

O elemento Fogo, que é masculino e ativo, implica em um símbolo eminentemente dualista. Isso ocorre porque ele representa, ao mesmo tempo, o poder de criar e o poder de destruir, como o deus hindu *Shiva*, que é o responsável pela criação e pela destruição. O Fogo também está ligado ao mito grego de *Prometeu*, a divindade do fogo. Segundo o mito, Prometeu era um titã que, por roubar o fogo dos deuses e entregá-lo à Humanidade, foi punido severamente por *Zeus*.

O que se percebe de maneira imediata no Baphomet é uma figura *zooantropomórfica*, ou seja, ele possui componentes humanos e animais. Ele também é retratado como um ser *andrógino* ou *hermafrodita*, com características femininas e masculinas.

Os braços de Baphomet apontam em direções opostas, um para cima e outro para baixo, com as palavras latinas *Solve*, que significa "separar", e *Coagula*, que significa "unir".A paridade entre o que está em cima e o que está em baixo revela o equilíbrio universal subjacente à união paradoxal dos opostos e é uma alusão à *Lei da Correspondência*, atribuída a Hermes Trismegisto (2.500 a.C.): "O que está em cima é como o que está embaixo, e o que está em baixo é como o que está em cima".

O braço direito, com a inscrição *Solve*, aponta para a lua branca de *Chesed*, ao passo que o esquerdo, com a inscrição *Coagula*, aponta para a lua negra de *Geburah*. Esses dois crescentes lunares indicam a relação entre o bem e o mal. Na Cabala, *Chesed* é a quarta *Sefirot* (ou *Sephirah*) da Árvore da Vida e significa a "misericórdia". A *Geburah*, por sua vez, é a quinta Sefirot da Árvore da Vida e significa a "justiça". Esse Sefirot seria algo negativo se não houvesse *Chesed* para equilibrá-lo.

A figura do Baphomet tem suas pernas cruzadas e cobertas por um pano, que significa o conhecimento oculto, hermético ou esotérico, que só é revelado aos Iniciados. O cetro que surge de seu ventre é o *Caduceu* (bastão entrelaçado com duas serpentes), o emblema do deus Hermes. As duas serpentes significam as polaridades do bem e do mal, da esquerda e da direita, da noite e do dia. Todavia, o Caduceu representa a luta pelo equilíbrio das forças contrárias simbolizado pelo bastão.Além disso, o Caduceu, quando colocado no lugar do órgão gerador, representa a vida eterna.

O torso de Baphomet tem seios femininos, que além de evocarem a ideia da dualidade entre o masculino e o feminino, representam a ideia de fertilidade e maternidade.

A cabeça do Baphomet não é exclusiva de um Bode, mas constitui uma síntese de outros animais, como o cão e o touro. O bode representa a expiação dos pecados corporais, em alusão ao Bode Expiatório do Antigo Testamento, ao passo que os demais animais é uma referência aos impulsos primitivos e irracionais presentes na alma humana.

Sobre a cabeça do Baphomet existe uma tocha acesa entre os dois grandes chifres. A tocha constitui um antigo emblema de iluminação espiritual e de conhecimento, mas também representa a inteligência equilibrante do *ternário*.O número *Três* consiste na soma do *Um* (que representa a unicidade) com o *Dois* (que representa a dualidade), razão pela qual é considerado o número do perfeito equilíbrio entre opostos.

Na testa de Baphomet está afixado um *Pentagrama* de ponta para cima, que representa o domínio do espírito sobre os Quatro elementos já referidos. O Pentagrama de ponta para cima também representa a inteligência humana e, se estiver nessa posição protege contra os maus espíritos. Todavia, o Pentagrama pode ser virado de cabeça para baixo, e nesse caso exprimiria qualidades malignas. O seu inverso seria sinônimo de subversão intelectual e ainda serviria para evocações demoníacas sem rituais de Magia Negra.

O Baphomet que foi delineado até aqui é bem distinto daquele concebido pelos seus detratores, obscurecido pelos preconceitos e pela ignorância. Na verdade, o Baphomet é o símbolo que expressa a unidade mística onde os opostos se reconciliam: masculino e feminino, direita e esquerda, superior e inferior, bem e mal, matéria e espírito, divino e animal.

26
A ÁGUIA BICÉFALA

A *Águia Bicéfala* não é exclusivamente um símbolo maçônico, já que está presente na iconografia e armaria de inúmeras culturas. Na Antiguidade, esse símbolo foi encontrado na Suméria, onde era exibido em templos e santuários. A Águia Bicéfala também foi o símbolo do Império Romano, representando a unidade e a universalidade do seu domínio. Posteriormente, muitos impérios, como o Bizantino e o Russo, empregaram o símbolo da Águia Bicéfala em seus escudos e estandartes, significando o poder e a nobreza exercidos tanto sobre o Oriente quanto sobre o Ocidente.

Existem atualmente cerca de duzentos ritos maçônicos reconhecidos. No Brasil e no mundo a maioria das Lojas maçônicas adotam o uso do Rito Escocês Antigo e Aceito (R.E.A.A.). O Supremo Conselho do Rito Escocês Antigo e Aceito foi criado oficialmente nos Estados Unido sem 1º de maio de 1801. E, quando do seu surgimento, esse Supremo Conselho, com seu sistema de 33 Graus, utilizou-se como seu principal emblema a Águia Bicéfala.

Com efeito, no centro do estandarte do Supremo Conselho há uma águia com duas cabeças, com asas abertas pretas, bicos e pés de ouro, segurando pelas garras uma espada antiga, feita de ouro, na qual está pendente uma fita com os termos latinos *Deus Meunque Jus*, escritas em dourado. E, acima das suas cabeças, existe uma coroa de ouro, acima da qual há um triângulo com o número "33".

A frase em latim *Deus Meumque Jus* pode ser traduzida por "Deus é meu direito", ou ainda por "Deus é a minha justiça". Pode-se supor que os criadores do Supremo Conselho do R.E.A.A. se utilizaram dessa expressão porque achavam-se divinamente autorizados para essa fundar essa instância, tendo em vista a necessidade de organizar e colocar ordem na sociedade, donde a expressão latina *Ordo ab Chao*, que significa "ordem no caos".

A expressão *Ordo ab Chao* constitui a divisa maçônica por excelência, presente em todos os ritos maçônicos, mas como lema é exclusiva do Rito Escocês Antigo e Aceito. A divisa por si só já esclarece os sublimes propósitos da Maçonaria, enquanto instituição que visa construir e organizar o edifício social da Humanidade.

O Supremo Conselho encontrou na Águia Bicéfala o símbolo do Oriente e do Ocidente e acrescentou uma coroa sobre sua cabeça a fim de representar a realeza, posto que se tratava de um Conselho de "Imperadores". A Águia Bicéfala indica, pois, o domínio, o poder, a soberania e a enorme riqueza contida nos excelsos mistérios do Rito Escocês Antigo e Aceito.

No Brasil, os altos graus filosóficos do R.E.A.A. (4-33) são concedidos pelo Supremo Conselho do Grau 33 do Rito Escocês Antigo e Aceito para a República Federativa do Brasil e pelo Supremo Conselho do Brasil do Rito Escocês Antigo e Aceito, mediante as Lojas de Perfeição, dos Sublimes Capítulos Rosa Cruz, do Ilustre Conselho Filosófico de Kadosh e do Mui Poderoso Consistório dos Príncipes do Real Segredo.

Os Altos Corpos Filosóficos são divididos por câmaras, sendo que a primeira é chamada de Loja de

Perfeição e seus Graus são chamados de Inefáveis. A Loja de Perfeição vai do Grau 4 até o Grau 14. Assim, na Loja de Perfeição os irmãos serão elevados aos seguintes Graus:

Grau 4 – Mestre Secreto

Grau 5 – Mestre Perfeito

Grau 6 – Secretário Íntimo

Grau 7 – Preboste e Juiz

Grau 8 – Intendente dos Edifícios

Grau 9 – Mestre Eleito dos Nove

Grau 10 – Mestre Eleito dos Quinze

Grau 11 – Mestre Eleito dos doze

Grau 12 – Grão-Mestre Arquiteto

Grau 13 – Real Arco de Salomão

Grau 14 – Grande Eleito ou Perfeito

Depois desses graus surgem nas Câmaras Capitulares os Graus cavalheirescos que enaltecem o simbolismo da espada e vão do Grau 15 ao Grau 18.

Grau 15 – Cavaleiro do Oriente

Grau 16 – Príncipe de Jerusalém

Grau 17 – Cavaleiro do Oriente e do Ocidente

Grau 18 – Cavaleiro Rosa Cruz

Um novo ciclo de estudos filosóficos se inicia no chamado Ilustre Conselho Filosófico de Kadosh, do Grau 19 ao Grau 30.

Grau 19 – Mestre Pontífice

Grau 20 – Mestre "Ad Vitam"

Grau 21 – Patriarca Noaquita

Grau 22 – Cavaleiro do Real Arco

Grau 23 – Chefe do Tabernáculo

Grau 24 – Príncipe do Tabernáculo

Grau 25 – Príncipe de Misericórdia

Grau 26 – Cavaleiro da Serpente de Bronze

Grau 27 – Grande Comendador do Templo

Grau 28 – Cavaleiro do Sol

Grau 29 – Grande Escocês de Santo André

Grau 30 – Cavaleiro Kadosh

Por fim, no domínio do Mui Poderoso Consistório de Príncipes do Real Segredo são ministrados os ensinamentos dos Graus 31 a 33, também chamados de Graus Administrativos.

Grau 31 – Inspetor Inquisidor

Grau 32 – Mestre do Real Segredo

Grau 33 – Grande Inspetor-Geral

Os Graus Administrativos acima mencionados, em especial o tão almejado Grau 33, só poderão ser concedidos pelo Supremo Conselho do Brasil do Rito Escocês Antigo e Aceito sendo, então, reconhecidos mundialmente.

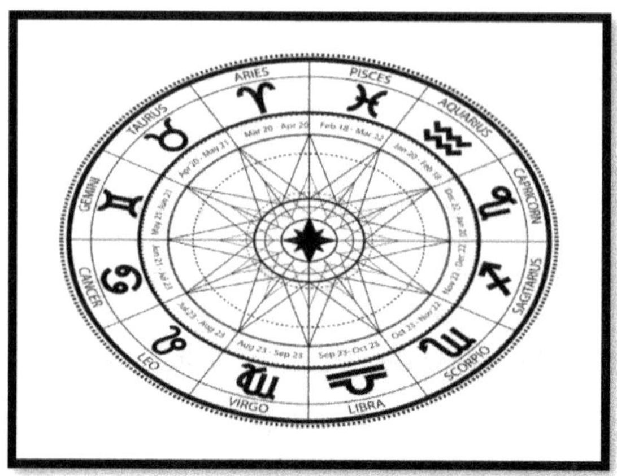

27
AS COLUNAS ZODIACAIS

A Astrologia era na antiguidade considerada a chave de todas as ciências humanas e naturais. A Astrologia teve sua origem, por volta do ano 3000 a.C. na Suméria. O Zodíaco, ou o Caminho de Anu, era a rota seguida no céu pelo Sol, Lua e planetas, sempre pela mesma massa de estrelas, as Constelações Zodiacais. A divisão do Zodíaco em doze partes talvez tenha vindo da divisão em doze partes de duas horas cada uma do dia dos Caldeus.

As *Colunas Zodiacais* estão presentes na ornamentação das Lojas que adotam o Rito Escocês Antigo e Aceito. As colunas zodiacais são doze e servem como símbolos de demarcação da evolução maçônica. Elas se localizam no Ocidente e são sinais do crescimento do aspecto material, moral e ético dos iniciados. Existem seis colunas em cada lado do templo, normalmente engastadas nas paredes e sempre na mesma ordem.

Convém sublinhar que a Maçonaria, em seus rituais, se utiliza dos Signos do Zodíaco, mas em um sentido estritamente simbólico e educacional. Assim, as Colunas Zodiacais são apenas símbolos para estudos esotéricos, sem a pretensão de adivinhar o futuro do homem. Aliás, esta palavra vem do latim *divinare* e significa aquilo que é relativo a um deus, de modo que somente à divindade teria a prerrogativa de prever o futuro.

As Colunas Zodiacais representadas no Templo são colunas jônicas, tendo sobre cada uma delas o pentáculo correspondente, quer dizer, a representação de cada signo com o planeta e o elemento que o caracteriza. As colunas em consideração são postas longitudinalmente junto às paredes, sendo seis ao Norte e seis ao Sul. A sequência das colunas começa com o signo de Áries (ao Norte) e termina como de Peixes (ao Sul).

Os signos zodiacais relacionados com o Grau de Aprendiz são: *Áries, Touro, Gêmeos, Câncer, Leão* e *Virgem*. O signo zodiacal relacionado com o Grau de Companheiro é o de *Libra*. E os relacionados ao Grau de Mestre são os signos de *Escorpião, Sagitário, Capricórnio, Aquário* e *Peixes*.

Áries (coluna nº 1): localizada no lado Norte, essa coluna corresponde à cabeça e ao cérebro do homem e, como faculdade intelectual, a vontade ativa gerada pela mente. Áries corresponde ao planeta Marte e ao elemento Fogo, indicando que no Aprendiz deve existir uma busca ardente pela luz da verdade.

Touro (coluna nº 2): localizada ao Norte, a coluna corresponde ao pescoço e à garganta. Astronomicamente, ela corresponde ao planeta Vênus e ao elemento Terra. Simboliza ainda que o candidato, após ser adequadamente preparado, foi admitido nas provas de Iniciação.

Gêmeos (coluna nº 3): localizada ao Norte, essa comuna corresponde aos braços e às mãos, que sob o ponto de vista intelectual consiste na união da intuição com a razão. Essa coluna corresponde ao planeta Mercúrio e ao elemento Ar. Representa ainda a luz do conhecimento recebida pelo candidato.

Câncer (coluna nº 4): localizada ao Norte, a coluna de Câncer representa o nascimento da vegetação, a seiva da vida, e faz alusão à absorção da filosofia maçônica por parte do iniciado. Corresponde também à Lua e ao elemento Água, bem como ao equilíbrio entre a matéria e o espírito.

Leão (Coluna nº 5):localizada junto ao Norte, essa coluna corresponde ao coração, que é o centro vital da vida humana. Enquanto faculdade intelectual indica os anseios do coração, pois na Antiguidade acreditava-se ser esse o órgão da inteligência. A coluna de Leão corresponde ao Sol e ao elemento fogo, significando a Luz da sabedoria que o Aprendiz recebe do Oriente.

Virgem (Coluna nº 6): postada no Norte essa coluna diz respeito ao complexo solar que assimila e distribui as funções no organismo. E como faculdade intelectual indica a realização das esperanças. Corresponde ainda ao planeta Mercúrio e ao elemento Terra, o que traduz o aperfeiçoamento do Aprendiz quando já pode se dedicar ao desbastamento da Pedra Bruta.

Libra (Coluna nº 7): localizada no lado Sul da Loja essa coluna representa o planeta Vênus e o elemento Ar. A coluna em apreço concerne ao grau de Companheiro Maçom e simboliza o equilíbrio entre as forças construtivas e destrutivas.

Escorpião (Coluna nº 8):localizada no Sul, essa coluna representa o planeta Marte e o elemento Água. A coluna de Escorpião representa a constante batalha do maçom contra suas emoções e paixões a fim de atingir a perfeição moral. Aliás, as colunas de Escorpião até a de Peixes pertencem ao Grau de Mestre Maçom.

Sagitário (Coluna nº 9): localizada no lado Sul da Loja, essa coluna equivale ao planeta Júpiter e ao elemento Fogo. E, sob o ponto de vista intelectual, representa a mente aberta e o pensamento crítico do maçom.

Capricórnio (Coluna nº 10): localizada ao Sul, essa coluna representa o planeta Saturno e o elemento Terra. E, sob o ponto de vista moral, simboliza as qualidades da determinação e da perseverança.

Aquário (Coluna nº 11): localizada na face Sul da Loja, essa coluna representa o planeta Saturno e o elemento Ar. E significa o comprometimento filantrópico do maçom, tanto no aspecto material como no aspecto moral.

Peixes (Coluna nº 12):postada na face Sul, essa coluna representa o planeta Júpiter e o elemento Água. E, sob o aspecto moral, a coluna em consideração simboliza o desprendimento material.

A Maçonaria, com efeito, é uma escola iniciática que utiliza símbolos e alegorias como forma de transmissão de saberes esotéricos, propiciando a cada Iniciado a busca individual pelo conhecimento da verdade. Assim, ao percorrer a via demarcada pelas Colunas Zodiacais o Iniciado encena o seu aperfeiçoamento como Aprendiz nas seis primeiras colunas da face Norte (de Áries até Virgem). Depois dessa caminhada, o Companheiro Maçom prossegue em sua jornada até a coluna de Libra, na face Sul. E, por fim, o Mestre Maçom prossegue nas colunas subsequentes (de Escorpião até Peixes) em direção ao solstício de Inverno, quando se prepara para sua viagem ao Oriente Eterno.

28

O CADUCEU

O *Caduceu* ou *Emblema de Hermes*, em alusão ao deus grego (também chamado de *Mercúrio* no mundo romano),é um bastão em torno do qual se entrelaçam duas serpentes cuja parte superior é adornada por asas.

Na mitologia grega, Hermes foi o mensageiro e o mediador entre os deuses e os homens (o que explica as asas presentes no Caduceu), e um guia para o submundo, (que alude ao seu cajado). Hermes era também o padroeiro dos viajantes, o que o liga à Medicina, posto que na Antiguidade os médicos tinham de percorrer grandes distâncias para visitar os seus pacientes.

Existe uma versão mitológica segundo a qual Hermes recebe seu bastão de Apolo, que era o deus da cura. Em outra versão, Hermes recebe o bastão de Zeus, entrelaçado com duas fitas brancas. As fitas foram substituídas mais tarde por serpentes, já que a narrativa mítica diz que Hermes usou a vara para separar uma luta entre duas cobras, as quais se enrolaram nele e lá permaneceram em harmonia e equilíbrio.

Outra representação do símbolo é o bastão de Asclépio, que não tem asas, mas apenas uma serpente enrolada. Filho de Apolo e da princesa humana *Corônis*,

Asclépio é o semideus grego da Medicina. Segundo a mitologia grega, ele era capaz de restaurar a saúde dos doentes e trazer os mortos de volta à vida.

Numa lenda, Zeus matou *Asclépio* com um raio por perturbar a ordem natural do mundo, ressuscitando os mortos, enquanto outra versão indica que Zeus o matou como punição por aceitar dinheiro em troca da realização de uma ressurreição. Depois da morte de Asclépio, Zeus o colocou entre as estrelas, na constelação de Ofiúco, rodeado por uma "serpente".

Na mitologia egípcia, o deus *Toth* é representado por uma cabeça de pássaro (íbis) com um bico bem fino, um cajado de pastor na mão direita e a Cruz Ansata em sua mão esquerda. O bico fino simboliza a inteligência, ou seja, a capacidade de discernir, já que ao colocar o bico dentro do banhado, a íbis precisaria saber com precisão o que apanhar. O cajado de pastor, que também era utilizado pelos faraós, significa a luz que guia as pessoas em meio da escuridão, ao passo que a Cruz Ansata simboliza a vida eterna.

Quando os povos gregos tiveram conhecimento da existência dessa divindade egípcia descobriram que apresentava muitas analogias com o seu deus Hermes, que era o mediador e o mensageiro dos deuses. Na representação do deus grego Hermes, existe uma figura masculina que carrega asas nos pés e no seu capacete, sugerindo a velocidade e a comunicação. Na sua mão direita está o caduceu, representado por duas serpentes enroladas num bastão que termina com duas asas. As duas serpentes simbolizam a sabedoria, o capacete, os pensamentos elevados, e o bastão, o poder de curar. Outrossim, as duas serpentes entrelaçadas do caduceu é um símbolo da união do corpo com a alma. Ainda sugere o número oito, que significa o infinito.

Convém sublinhar que os gregos consideravam as serpentes sagradas, e usavam-nas em rituais de cura para honrar o deus Asclépio, já que o seu veneno era curativo e sua pele considerada um símbolo de renascimento e renovação. A serpente é um réptil que amiúde está associado ao mal, à morte e à escuridão, por ser considerado um animal misterioso, traiçoeiro e peçonhento. No entanto, em diversas culturas a serpente é um símbolo rico e positivo, podendo representar a cura, o rejuvenescimento, a renovação, a eternidade e a sabedoria. Aliás, a própria Escritura Sagrada destaca a serpente como o símbolo das qualidades mencionadas.

Enquanto os israelitas viajavam no deserto, eles frequentemente se esqueciam de Jeová e Dele reclamavam, por isso Deus enviou serpentes para puni-los. As serpentes mordiam o povo e muitas pessoas acabaram morrendo[34]. Depois disso, o povo se arrependeu e pediu a Moisés que orasse para que Deus fizesse as serpentes irem embora. Deus não fez as serpentes irem embora, mas proporcionou um meio para que as pessoas fossem salvas, caso tivessem sido mordidas. Deus disse a Moisés para fazer uma *serpente de bronze* e colocá-la sobre uma haste. E, quando as pessoas eram mordidas e olhavam para a serpente de bronze, Deus as curava. Nesse sentido, é manifesto que a serpente é o símbolo da cura, posto que do seu veneno pode-se extrair antídotos e o remédios.

Com efeito, a serpente de bronze do cajado de Moisés é uma prefiguração do Messias na cruz, uma vez que o próprio Jesus Cristo atesta isso em sua conversa noturna com Nicodemos. Ele declara que assim como

Moisés levantou a serpente no deserto, assim deve ser levantado o Filho do Homem, para que todo aquele que nele crer tenha a vida eterna[35]. Desse modo, aqueles dentre os israelitas olharam para a serpente continuaram a viver, ao passo que os que olham com fé para Jesus viverão eternamente. Nesse caso, Jesus destaca outro importante significado simbólico da serpente, qual seja, o da imortalidade da alma. A serpente renova-se trocando sua pele e isso indicaria o renascimento espiritual.

Além disso, Jesus se utiliza da figura da serpente para mostrar aos seus discípulos a necessidade de agir com prudência e sabedoria em um mundo potencialmente hostil ao evangelho. Ele declara que os discípulos seriam enviados como ovelhas no meio de lobos, de modo que eles deveriam ser astutos como as serpentes[36]. À vista disso, além de representar a cura e a vida eterna, a serpente é o emblema da prudência e da sabedoria.

No contexto da filosofia oriental, acredita-se que o chamado "corpo vital" é composto por incontáveis linhas de energias conhecidas como "nadis" ou "tubos de luz" que, na sua disposição, acabam por formar os *chakras*. O caduceu de Hermes, com as suas duas serpentes ondulantes, representaria as duas nadis, chamadas de Ida e Pingala, erguendo-se num bastão e terminando em duas asas, que é a representação dos dois hemisférios cerebrais, alcançando assim o Sol, a representação do *chakra coronário*. A nadi Ida localiza-se à esquerda da coluna vertebral, ao passo que à direita fica a Pingala. Entre elas corre um canal, precisamente onde se localiza a espinha. Ida e Pingala, sempre ativas, sobem ao cérebro não em paralelo, mas em espiral, entrecruzando-se por entre os chakras, parecendo desembocar no chakra frontal.

Para o pensamento oriental, a *Kundalini* é representada simbolicamente no ser humano como uma serpente adormecida, que constitui a energia que fica concentrada na base da coluna (cóccix), a qual pode ser despertada por uma alma evoluída e iluminada. E a ascensão da Kundalini corresponderia ao segundo nascimento, de natureza espiritual. Aliás, o símbolo do caduceu é considerado como uma antiga figura simbólica da fisiologia da Kundalini.

O caduceu, representado por uma serpente enrolada ao bastão de Asclépio constitui o símbolo da Medicina em todo o mundo. No antigo mito, Asclépio foi arrancado do ventre de Corônis, que havia sido morta, e entregue a um centauro que iria lhe ensinar a arte de curar doenças mediante o uso de plantas medicinais. Ainda muito tenro, Asclépio aprendeu tudo muito rapidamente e seus conhecimentos se tornaram superiores ao do centauro, a ponto de poder ressuscitar os mortos. E, durante uma visita a pacientes, uma serpente subiu e se enrolou no cajado e por lá ficou. Assim, a mitologia grega colocou Asclépio como o deus da Medicina. E, mais tarde, o seu bastão com a serpente enrolada tornou-se o ícone mais conhecido da Medicina.

Com base nas noções até aqui apresentadas sobre os diversos significados do caduceu, pode-se assegurar que no contexto esotérico e simbólico da Maçonaria, esse emblema ensina os mais elevados valores da existência humana: a saúde física, mental e espiritual; a renovação da vida orgânica, tanto no indivíduo como na espécie; a renovação constante do pensamento e das ideias; a esperança numa vida futura mediante a imortalidade da alma; e, por fim, a verdadeira sabedoria, que é espiritual e perene, capaz de nos conduzir às melhores escolhas e à felicidade.

29

O OUROBOROS

O *Ouroboros* constitui um rico conceito filosófico-religioso representado por uma serpente (ou em alguns casos por um dragão) que morde ou devora sua própria cauda. O termo deriva do grego *oura* que significa "cauda" e *boros*, que significa "devorar". Desse modo, Ouroboros significa literalmente "devorar a própria cauda". O Ouroboros aparece de inúmeras formas em diferentes culturas da história humana: no Egito Antigo, nas religiões indianas (Jainismo, Hinduísmo, Siquismo e Budismo) e na Grécia Antiga (Pitagorismo e Estoicismo).

A primeira aparição escrita do Ouroboros apareceu em um texto funerário na tumba do faraó Tutancâmon (1341-1323 a.C.), chamado *Livro Enigmático Do Mundo Inferior*, que diz respeito ao deus Rá e sua união com Osíris no submundo. O Ouroboros é retratado no texto em apreço segurando sua cauda em sua boca, talvez representando a reencarnação de Osíris como Rá.Os estudiosos acreditam que o símbolo do Ouroboros era usado no Antigo Egito em alusão ao tempo cíclico.

O Oroboros, com efeito, simboliza a eternidade, o ciclo da evolução voltando-se sobre si mesmo. Esse símbolo contém as ideias de continuidade, de movimento, de auto fecundação e, por conseguinte, do *Eterno Retorno*.

O Eterno Retorno é a ideia de que o Universo sempre existiu e sempre existirá de forma idêntica, repetindo-se ciclicamente. Assim, a representação circular do Ouroboros simboliza a constante evolução e movimento da vida, sua destruição e renovação.

A ideia de destruição e renovação está fortemente ligada ao deus Shiva, que é um dos deuses supremos do Hinduísmo, conhecido também como "o destruidor e regenerador". Essa divindade pertence à *Trimurti*, formada por Brahma, o deus da criação, Vishnu, o deus da preservação, e Shiva, o deus da "destruição e regeneração". Na tradição hinduísta, Shiva é o destruidor, que destrói para construir algo novo, razão pela qual é o deus da renovação e da transformação. E a naja, que é a mais mortal das serpentes, e que está em volta da cintura e do pescoço de Shiva simboliza que ele dominou a morte alcançando, pois, a imortalidade. A serpente em consideração também representa a Kundalini, a energia que reside adormecida na base da coluna.

No mundo grego, os filósofos estoicos acreditavam na existência de um mundo harmonizado e unificado, perpassado por um *Logos Divino*, que é imanente ao mundo. O Universo estoico é como um ser vivo, que, semelhante a qualquer ser vivo, possui um começo e terá um fim. É manifesto que tudo que nasce deve em algum momento morrer. O universo começou e certamente terminará numa grande "conflagração universal" chamada de *Ekpyrosis*.

Para os estoicos, tudo possui um ciclo e o próprio Universo está submetido a um grande momento onde tudo termina e tudo recomeça, à maneira de uma *Fênix* que morre e renasce das próprias cinzas. Portanto, depois da destruição haverá um grande recomeço. Aliás, tudo começará de novo exatamente da mesma maneira. E os estoicos chamavam essa reconstituição total de a*pocatástase*.

Com efeito, tudo precisa ser exatamente da mesma maneira, porque o Logos Divino não poderia fazer as coisas de uma outra maneira que não o que é racional. A *palingenesia* é o Eterno Retorno de todas as coisas, quando o Universo completa seu ciclo de seres e acontecimentos, de modo que tudo nasce, morre e retorna sem cessar.

Além da representação tradicional do Ouroboros, existe outra, mais conhecida no mundo oriental, qual seja, o dragão que morde a própria calda, também conhecido como *Dragão Infinito*. Sob uma perspectiva psicológica, a figura do dragão diz respeito às energias mais primitivas e irracionais presentes no inconsciente. Para C. G. Jung

(1875-1961) no âmago de cada ser humano civilizado habita uma "besta irracional", como um dragão, que é hostil à civilização, por ele chamada de arquétipo da *Sombra*. Este arquétipo junguiano designa *grosso modo* o lado obscuro da personalidade humana, sua dimensão incivilizada e selvagem, que é ignorada pela mente consciente. Desse modo, a fim de que o indivíduo se torne um membro da sociedade e, por conseguinte, evolua moral e espiritualmente é necessário que ele domestique os ímpetos animais contidos na Sombra[37]. Isso posto, a imagem do Ouroboros com o dragão mordendo a própria cauda simboliza o domínio da consciência e da razão sobre a natureza instintual, do espírito sobre o corpo e da sabedoria sobre a ignorância.

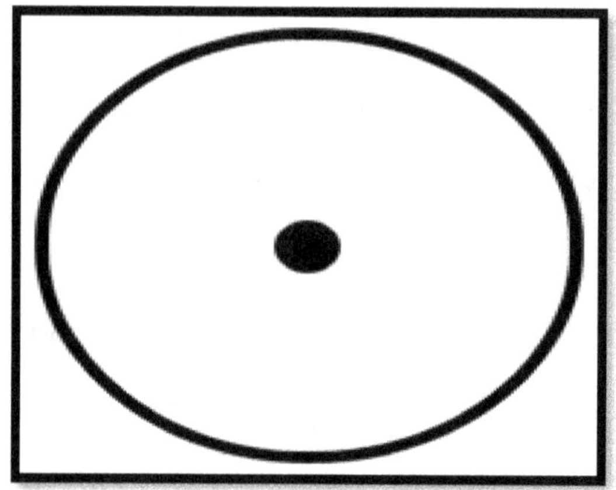

30
O PONTO DENTRO DO CÍRCULO

O Círculo é uma figura geométrica sem começo nem fim, por isso pode adequadamente representar tanto a Divindade como a eternidade. Na tradição cristã Deus é frequentemente chamado de *Alfa* e *Ômega*. O Alfa é a primeira letra do alfabeto grego, enquanto que o Ômega é a última, indicando, pois, que Deus é eterno. Ele sempre existiu e sempre existirá.

É manifesto que em todas as épocase lugares atribuiu-se ao Círculo um significado sagrado, incluindo propriedades mágicas, como o poder de proteção mística contra o mal. Em monumentos das épocas mais remotas da Humanidade verifica-se o uso do círculo para tais finalidades.

Existe um santuário chamado de *Gobleki Tepe* datado do período neolítico, localizado no sudoeste da Turquia. Esse santuário, construído há 11 mil anos atrás é formado por grandes blocos de pedras, organizados em círculos, sendo considerado o local de culto mais antigo do mundo.

Localizada na Inglaterra, no condado de Wiltshire, existe outro monumento chamado de *Stonehenge*, que é uma estrutura formada por círculos concêntricos de pedras, que chegam a ter 5 metros de altura e a pesar quase 50 toneladas,datado de 5000 anos atrás. E, além de ser um santuário religioso, arqueólogos acreditam que Stonehenge era um local onde as pessoas iam em busca de cura.

Em associação à importância espiritual do Círculo, existe na Maçonaria a prática do rito da *Circunvolução*, o qual sempre esteve presente nas cerimônias religiosas e místicas da Antiguidade.A Circunvolução era praticada nas iniciações e nos ritos dos antigos mistérios, tais como os egípcios, os hindus, osgregos, os romanos e os celtas. A Circunvolução consistia em fazer uma *procissão* em redor de um altar ou de algum outro objeto sagrado. E, tal rito parece ter sido praticado em alusão ao aparente curso do sol no firmamento, que vai do Oriente para o Ocidente.

Em muitas religiões antigas,tanto o povo como os sacerdotes giravam ao redor do altar sagrado (em sentido horário)cantando hinosenquanto realizavam os ritos e cerimônias. No relógio, o movimento do ponteiro da esquerda para a direita chama-se *dextrorsum*e, nas tradições antigas, possuia um significado positivo. O movimento do ponteiro que vai da direita para a esquerda chama-se*sinistrorsum* e, naquele contexto, tal movimento tinha um significado negativo. Isso explica, em parte, a razão pela qual na Maçonaria não se pode circular pela Loja em sentido anti-horário.

A cultura de inúmeros povos oferece exemplos de pessoas, casas ou locais sagrados sendo protegidos pelo mero traçado de um círculo ao redor deles, a exemplo do *Zisurrû*. O Zisurrû era o círculo mágico desenhado com farinha, utilizado naMesopotâmia para proteger do mal um espaço ritual. No mundo esotérico, um *Círculo Mágico* é um espaço marcado (com sal, terra, giz, farinha etc.) por praticantes da Magia, que conteria umaproteção mística.

No que tange ao Ponto no centro do Círculo, pode-se assegurar que ele representa o nascimento do

Universo, momento em que a luz é tirada das trevaspelo Grande Arquiteto do Universo. A maioria das tradições religiosas antigas sustenta que o mundo foi formado a partir do momento em que houve o *Fiat Luz*, quer dizer, quando a *luz* se tornou manifesta. Essa concepção, por exemplo, está presente na Escritura Sagrada quando nas suas primeiras linhas descreve a criação do Universo nos seguintes termos: "No princípio, Deus criou os céus e a terra [...] Disse Deus: Haja luz. E houve luz" (*Ixitque Deus fiat lux et facta est lux*)[38].

Existe, com efeito, total harmonia entre a visão bíblica da criação do mundo com o moderno pensamento científico, o qual afirma que o Universo foi formado por uma grande explosão chamada de o *Big Bang*, que teria ocorrido há 13,8 bilhões de anos atrás, teorizada pelo padre e astrônomo Georges Lemaître (1894-1966). Tal ocorrência cósmica teria criado não só a matéria e aenergia, mas o próprio tempo e toda a geometria do espaço.

E, numerologicamente, o Ponto dentro do Círculo corresponde ao Dois, que é a segunda manifestação do Ser Supremo, momento em que Ele cria o mundo das realidades materiais e visíveis, gerando galáxias, constelações, planetas, seres humanos, plantas, animais e minerais.Nesse sentido, o Ponto representa o Universo manifesto, o princípio no centro da eternidade, o ponto original e indivisível que se dilatou ese expandiu, dando vida e forma a todasas coisas.

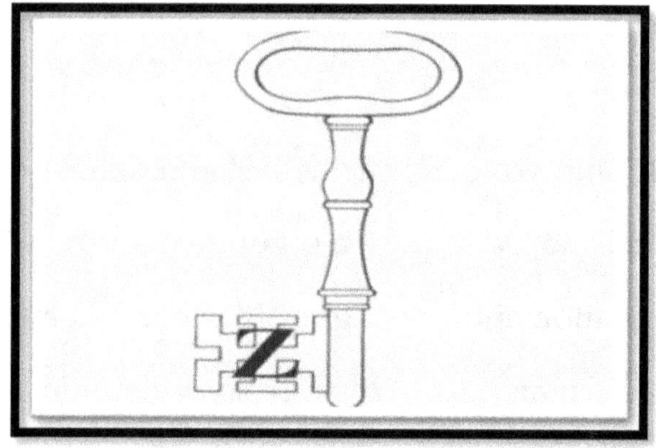

31
A CHAVE DE MARFIM

Tanto no senso comum como no mundo profano, a chave nada mais é do que um mero objeto ou instrumento que aciona uma fechadura. Todavia, sob o ponto de vista do simbolismo maçônico a *Chave* representa, dentre outras coisas, a mudança, o ato de entrar e de sair, de abrir e de fechar, de ocultar algo ou revelá-lo. A Chave indica, então, a possibilidade da mudança, da libertação, da abertura a algo novo, bem como o acesso aos mistérios mais ocultos.

Encontramos na antiga religião romana o deus *Janus*, que guarda todas as portas e governa todos os caminhos. Essa divindade é representada com duas faces, transmitindo a ideia de que ela é capaz de observar, simultaneamente, o passado e o futuro, o norte e o sul, o mundo material e o mundo espiritual, bem como o Ocidente e o Oriente. Janus é representado segurando em sua mão esquerda (o lado do coração) uma chave. Janus é o deus que protege as portas, os portões, as entradas, as saídas e os caminhos. Ele preside tudo o que se abre, governando assim todas as possibilidades humanas, de modo que qualquer mudança só pode ocorrer com a sua permissão.

Segundo o mito, Janus sendo ainda um homem, recebeu em seu reino o deus Saturno, abrindo a este as portas de seu palácio e entregando-lhe a chave da cidade. E como recompensa por sua grande generosidade ele foi imensamente abençoado em seu reinado, dando início à "Era de Ouro romana", caracterizada por prosperidade, paz e justiça.

A Chave, com efeito, é o emblema que expressa poder e a autoridade. Na vida comum, a posse definitiva de um imóvel só ocorre com o recebimento das chaves. No tempo do profeta Isaías, a "chave da casa de Davi" foi dada ao sacerdote Eliaquim. A Escritura diz que foi dada ao sacerdote autoridade para que aquilo que ele fechasse nenhum homem pudesse abrir, e o que ele abrisse nenhum homem pudesse fechar.[39]

Quando Jesus disse a Pedro que lhe dava as chaves do Reino, ele acrescentou que tudo o que fosse ligado na Terra seria ligado nos Céu, e tudo o que fosse desligado na Terra seria desligado nos Céu [40]. O significado de "desligar" no original grego é "destrancar", e o significado de "ligar", é "trancar". Na verdade, essas chaves estão ligadas à confissão de Pedro de que Jesus é o Cristo, o Filho do Deus Vivo, significando que esse conhecimento que fora revelado ao apóstolo abriria todas as portas do mundo espiritual, inclusive o acesso ao verdadeiro Deus.

O apóstolo João ao narrar a experiência que teve com o Jesus glorificado, diz que caiu aos seus pés como morto, mas o Senhor pôs sobre ele a sua mão direita, dizendo para não temer, porque Ele seria o Primeiro e o Último, e aquele que vive pelos séculos dos séculos, e possui as Chaves da morte e do Inferno[41]. Nesse sentido, possuir as chaves da morte e do inferno, significaria o poder de conceder a quem quer que seja tanto a vida eterna como a condenação eterna.

Nas religiões da Antiguidade, a chave simbolizava o poder sobre a própria vida. Esse símbolo sempre está presente nas mãos das divindades egípcias e dos faraós. Os egípcios acreditavam que somente os deuses tinham poder sobre a vida e a morte, razão pela qual a chave sempre acompanhava suas representações. O faraó, sendo considerado um "deus", já que era o representante dos deuses na Terra, sempre era representado com a chave nas mãos.

Além disso, no Antigo Egito, todas as pessoas que detinham alguma autoridade nessa sociedade, sendo de natureza civil ou religiosa, eram representadas nas pinturas murais e nas estátuas, segurando uma chave em sua mão. Na verdade, a Chave indicava a posição que essa pessoa possuía na sociedade egípcia, revelando ser uma personalidade de autoridade e poder. Desse modo, a exibição desse símbolo mostrava que seu portador não era somente um iniciado nos mistérios da religião, mas também uma pessoa que detinha muito poder.

Além do mais, convém sublinhar que cada tipo de chave interage exclusivamente com uma fechadura específica, de modo que é variável o grau de complexidade da fechadura. Pode-se dizer, pois, que quanto mais valioso for o tesouro, maior será a proteção do cofre e mais complexo o sistema de segurança. Semelhantemente, quanto mais intrincados e profundos forem os segredos da Maçonaria, mais valiosas e exclusivas serão as chaves que os acessarão.

No que tange ao marfim, este tem sido considerado desde os mais antigos povos um material de adorno precioso e provém, na maioria das vezes, das presas dos elefantes. Trata-se, com efeito, de um material ósseo, muito branco e que se presta à escultura e à confecção de joias e ferramentas. Ele é muito empregado em talismãs, amuletos e objetos religiosos. E a sua cor branca remete à pureza, à santidade e à força moral. O marfim também representa a longevidade, a resistência, a sabedoria e a força.

Para os graus de Aprendiz, Companheiro e Mestre, da Maçonaria Simbólica, a chave lhes é desconhecida, de modo que não constitui nem um elemento físico nem simbólico. Todavia, os que procurem se aprofundar nos sublimes mistérios da Maçonaria conhecerão no 4° Grau a tão estimada *Chave de Marfim*.

Na Maçonaria, a Chave de Marfim é um símbolo exclusivo dos Graus Filosóficos. Assim, quando ocorre a iniciação do Grau de *Mestre Secreto* é entregue ao iniciado o avental e a fita contendo a Joia do Grau, a qual indicará que ele deve manter em segredo os ensinamentos adquiridos e guardá-los ocultos em seu coração. Nesse sentido, a Chave é considerada o símbolo do silêncio e da discrição.

Nos *Mistérios de Eleusis*, o hierofonte colocava sobre a língua dos iniciados uma chave de ouro, a fim de lembrar-lhes que o silêncio em relação aos segredos vale mais do que o próprio ouro. A Chave, com efeito, simboliza o sigilo da Ordem, o qual deve ser guardado sob "sete chaves" devendo permanecer em um local oculto e seguro. O possuidor da Chave em apreço recebeu o poder de abrir todos os demais graus do Rito (Escocês Antigo e Aceito), mas deve fazê-lo com cuidadoso sigilo.

No simbolismo da Chave de Marfim existe a letra Z, escrita sobre o desenho da chave, e ela consiste na primeira letra da secreta Palavra de Passe do Grau. A letra em consideração equivale à letra hebraica *Zayin*, cuja aparência é a de um Malhete ou a do número Sete. A letra *Zayin* é a sétima letra do *Aleph-Bet*, tendo o valor numérico de Sete. Esta letra pode representar o sétimo dia da criação, em que o Criador separou um dia para o descanso. Deus abençoou o sétimo dia e o declarou santo, porque naquele dia Ele descansou de toda a sua criação. Essa sétima letra evoca, pois, a ideia de harmonia e de tranquilidade. No hebraico, *Zayin* é uma palavra paradoxal, uma vez que significa "espada", ao mesmo tempo em que deriva de uma raiz que significa "alimentação". Pode-se assegurar, pois, que na guerra a espada pode ser necessária para a obtenção da alimentação. E, no sentido espiritual, para se alcançar a nutrição e o repouso, deve-se às vezes travar uma verdadeira guerra.

No 4° Grau, ou seja, no de Mestre Secreto, tendo simbolicamente atravessado a primeira câmara, pertencente à Maçonaria Simbólica, dedicada aos "Pequenos Mistérios", o maçom iniciará a senda em busca dos mais profundos conhecimentos esotéricos, que corresponderia aos "Grandes Mistérios". Quando ocorre a iniciação ao Grau de Mestre Secreto, o iniciado recebe a Joia do Grau, que indica que ele deve manter em segredo absoluto todos os ensinamentos recebidos, guardando-os ou mesmo "trancando-os" em seu coração. Sendo assim, os ensinamentos filosóficos e esotéricos do Grau em apreço enfatizam, dentre outras coisas, o dever do maçom em consagrar-se ao silêncio, à discrição e ao sigilo.

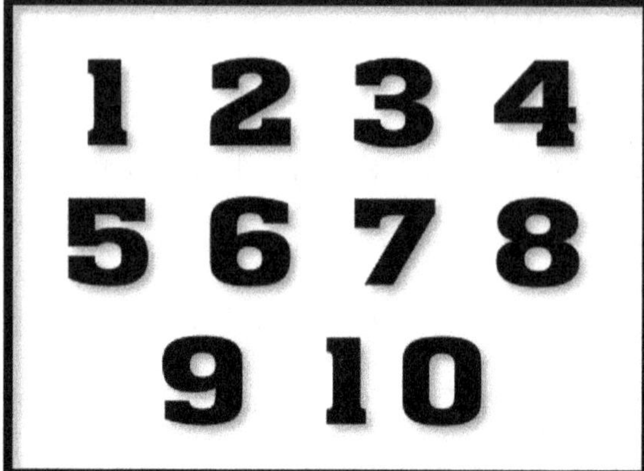

32
OS NÚMEROS

Em seu aspecto esotérico, a Maçonaria preocupa-se com os números e seu estudo, pois a *numerologia* é uma arte de elevado valor para a compreensão da filosofia maçônica. Isso ocorre, porque os números não são apenas signos que expressam quantidades. Muito pelo contrário, eles expressam em si mesmos princípios eternos, que são as emanações e as qualidades invariáveis do Grande Arquiteto do Universo. Por essa razão, na Arte Real os números não são considerados em suas propriedades abstratas, que é o objeto de estudo da aritmética, mas em suas dimensões simbólicas, metafísicas e esotéricas.

Com efeito, a simbologia numérica constitui parte obrigatória dos ensinamentos maçônicos, nas instruções a serem ministradas tanto ao Aprendiz como ao Companheiro. Ao iniciar a sua caminhada na Excelsa Ordem, o maçom precisa compreender os segredos relacionados aos números, uma vez que esse conhecimento lhe proporcionará as chaves fundamentais para o seu progresso espiritual, que é o alvo principal do seu trabalho.

O número *Zero* (0) simboliza o vazio, o nada, o não-ser, ou simplesmente aquilo que não é manifesto. Ele simboliza ainda o espaço, o absoluto, a não criação, bem como o princípio oculto de todas as coisas. O zero também é o símbolo oculto que representa Deus (não manifestado), que é o ser incriado, a causa sem causa, de onde emana todas as coisas que se originaram. Com efeito, é a partir do nada que Deus cria todas as coisas (*creatio ex nihilo*), e não a partir de matéria preexistente. O Zero pode ainda representar o mal, que na definição de Santo Agostinho, é o *Não-Ser*, a pura negatividade, posto que tudo o que Deus faz é bom, sendo que o mal não seria uma substância, mas a ausência do bem. Aliás, desde o nascimento do homem, tem início a contagem regressiva dos dias de sua vida, até chegar ao momento Zero, ou seja, a morte física, que não deixa de ser um mal.

O número *Um* (1) significa o princípio, a individualidade, a singularidade, a independência e a autossuficiência. O número Um existe por si mesmo, de modo que todos os outros números dependem dele. O Um representa a manifestação de Deus, que é o Criador de todas as coisas. O número Um é, pois, o número da criação, pois de Deus, que é a unidade absoluta, surgem todos os outros seres do Universo, do qual também emana o sopro da vida e da alma vivente. O Zero antecedeu ao Um, mas ambos são um só e o mesmo Deus: o Zero é Deus em seu aspecto não manifesto, ao passo que o Um é Deus em sua atividade criadora manifesta.

Se o número Um representa a unicidade, o número *Dois* (2) representa a *dualidade*. A função dual do número em apreço pode significar tanto a duplicidade como o antagonismo. O número Dois representa a luz e a escuridão, o bem e o mal, a verdade e a falsidade, o prazer e a dor, a inércia e o movimento, a ação e a reação, a vida e a morte. É evidente, pois, que a vida é formada de dualismos, de modo que ela seria inconcebível se não existissem momentos alternativos. O número Dois também tem seu aspecto negativo, já que é o símbolo dos contrários e, por conseguinte, da contradição, da dúvida, do ceticismo, do desequilíbrio, da divisão e da oposição. Tal número ainda carrega um aspecto "satânico", podendo até representar a figura de "Satanás", que literalmente significa adversário ou opositor. Nesse sentido, o Dois é o número da audácia, da rebeldia e da transgressão, por separar-se do Um, que é o número da Divindade.

O número *Três* (3) consiste na soma do Um (que representa a unicidade) com o Dois (que representa a dualidade), razão pela qual é considerado o número do perfeito equilíbrio entre opostos. No estudo do número Três, o triângulo é o mais significativo símbolo maçônico. Mas, não é só a Maçonaria que o cultua, já que outras religiões e culturas também o fazem, sobretudo por ser a representação simbólica perfeita dos três elementos da Divindade. Com efeito, no 1° Grau da Maçonaria, o número Três representa o clímax da perfeição: a bateria é composta de 3 golpes; a batida na porta é feita com três pancadas; a marcha do Aprendiz no templo é feita com 3 passos; a idade simbólica do Aprendiz é de 3 anos; e três são as Joias Fixas e as Joias Móveis. Além disso, ao ser iniciado, o neófito realiza três viagens e, por fim, recebe a Luz ao terceiro golpe do malhete do Venerável Mestre, o qual deve possuir no mínimo o 3º Grau na Maçonaria.

O número *Quatro* (4) designa a estabilidade, a firmeza, a segurança e a conservação. E, como os demais números, ele presta-se ao jogo filosófico das combinações. Enquanto os números Um, Dois e Três, se relacionam com a vontade divina, o Quatro designa a realização dessa vontade no mundo material. O número Quatro representa, pois, a perfeição material, posto que superou o desarranjo do Dois para com o Um, e reintegrou o Três aos dois primeiros. O número quatro também representa o mundo material e seus quatro elementos fundamentais: Água, Ar,

Fogo e Terra. Encontra-se o número Quatro no nome de Deus na Bíblia Hebraica, revelado ao profeta Moisés[42], conhecido como *Tetragrama*. Este nome é formado por quatro letras hebraicas (יהוה), que ao serem transliteradas para o Português forma a palavra YHWH, cuja tradução pode ser Jeová, Iavé ou Javé. Outro tetragrama muito conhecido é INRI, sigla latina que significa "Jesus Nazareno Rei dos Judeus", cuja inscrição se encontrava na parte mais alta da cruz, sobre a cabeça de Jesus. Além disso, no Novo Testamento existem quatro evangelhos que narram a história de vida de Jesus, o Verbo Divino feito carne. E os seus autores foram os evangelistas Mateus, Marcos, Lucas e João.

O número *Cinco* (5) é o número por excelência da espiritualidade, da transcendência, posto que se remete à *Quinta Essência*. Existem, com efeito, Quatro Essências (ou mesmo Quatro Elementos) que compõem o mundo material: Água, Ar, Terra e Fogo. Todavia, além da realidade material existe a Quinta Essência, que está em equilíbrio com as outras Quatro Essências. A Quinta Essência seria, então, o elo que une o mundo espiritual com o mundo material, bem como o homem com a Divindade. Pode-se dizer, pois, que o homem é um ser *quinário*, porque ele possui em si os quatro elementos materiais já mencionados, mais o espírito, que constituiria nele o "elemento etéreo". A ideia de Quinta Essência também remonta ao filósofo Aristóteles (384 a.C.-322 a.C.), a qual é identificada com o *Éter,* quer dizer, a substância imaterial que compõe as esferas celestes no mundo *supralunar,* distinta das quatro propriedades naturais que constituem os corpos densos do mundo *sublunar.* E, em conformidade com a numerologia maçônica, o *Cinco* é o número pertencente ao Grau de Companheiro Maçom. Este está vinculado ao número Cinco por sua idade maçônica, pelo número de pancadas dadas e pelos toques de identificação. No 1º Grau, o de Aprendiz, o Esquadro fica por cima do Compasso aberto em 45 graus, simbolizando que a matéria se sobrepõe e domina o espírito. Todavia, no 2º Grau, o de Companheiro, o Esquadro é entrecruzado com o Compasso, agora aberto em 60 graus, simbolizando o equilíbrio atingido entre a matéria (Quatro Elementos) e o espírito (Éter). Além disso, Cinco são as pontas da Estrela Flamígera, símbolo por excelência do 2º Grau, na qual a presença divina é representada pela letra "G", que significa Geometria, Geração, Gravidade, Gênio e Gnose.

O número *Seis* (6) simboliza a harmonia, a conciliação e o equilíbrio, por isso tem uma relação direta com o hexagrama da *Estrela de Davi*. Esse hexagrama é constituído por dois triângulos que se entrelaçam: o vértice voltado para cima simboliza o macrocosmo (ou mesmo a transcendência, a Divindade, o mundo

Espiritual, a Quinta Essência, etc.), enquanto que o vértice voltado para baixo simboliza o microcosmo (a imanência, o homem, o mundo material, as Quatro Essências, etc.). Outros significados também podem ser atribuídos aos dois triângulos que juntos formam seis pontas: o masculino e o feminino, o sol e a lua, a atividade e a passividade, a luz e as trevas, o quente e o frio, o espírito e a matéria, a vida e a morte, o bem e o mal, o ego e o id. Além do mais, o entrelaçamento dos dois triângulos alude à *Lei da Correspondência* atribuída ao filósofo Hermes Trismegisto: "*O que está em baixo é como o que está em cima e o que está em cima é como o que está embaixo*".

O número *Sete* (7) é considerado um número sagrado e perfeito. O relato bíblico do *Gênesis* diz que a criação do mundo foi feita em seis dias, tendo sido reservado o sétimo dia para o descanso do Criador. O número Sete é um número sagrado, porque representa a reunião da Trindade Superior que age sobre o *quaternário* terrestre. Na Bíblia Sagrada existem 375 passagens que falam diretamente do número em questão. O número Sete é um número altamente especial na Bíblia, porque significa a Totalidade do Ser que abarca o Céu e a Terra. O Céu seria o *ternário* representado por Deus Pai, Filho e Espírito Santo, ao passo que a Terra seria o *quaternário*, que representaria os 4 pontos cardeais: Norte, Sul, Leste e Oeste. Enfim, o Sete é a soma do número Três, ligado ao espírito, com o número Quatro que se remete à matéria, daí a sua perfeição.

Moisés iniciou o Antigo Testamento com 7 palavras hebraicas, quais sejam, *"Bereshit* bará *Elohim et hashamáyim veet haarets"*[43]. Semelhantemente, o apóstolo João, padroeiro da Maçonaria, terminou de escrever o Novo Testamento com as 7 palavras *"He charis tou kyriou Iesou meta panton"* proferidas por 7 trovões[44], que são manifestações da poderosa voz de Deus. Além disso, Sete foram palavras proferidas por Jesus Cristo na cruz, registradas nos Evangelhos, sendo que a última foi *tetelestai*, que significa "está consumado"[45]. À vista disso, o número Sete na Bíblia transmite a ideia de completude de totalidade, de conclusão, de perfeição e de consumação.

Segundo a Filosofia Oriental, existem no corpo humano *Sete Chacras*, que são pontos de energia. A tradição cabalista fala da existência de *Sete Arcanjos*: Miguel, Gabriel, Rafael, Uriel, Baraquiel, Jagudiel e Saltiel. No Cristianismo, Sete são as *Virtudes Cardeais*: castidade, caridade, temperança, diligência, paciência, bondade e humildade. No Catolicismo, Sete são os *Sacramentos*: Batismo, Confirmação, Eucaristia, Penitência, Unção dos Enfermos, Ordem e Matrimônio. Sete são os *Pecados Capitais*: avareza, gula, inveja, ira, luxúria, preguiça e soberba. Sete são as *Artes Liberais* compostas do *Trivium* (Lógica, Gramática e Retórica) e do *Quadrivium* (Aritmética, Música, Geometria e Astronomia). Sete são as notas musicais: Dó, Ré, Mi, Fá, Sol, Lá e Si. Sete também são os continentes da Terra: África, América do Norte, América do Sul, Antártida, Ásia, Europa e Oceania.

O número *Oito* (8) representa o reinício ou mesmo o início favorável. Também é o símbolo da harmonia cósmica. Sua forma aparece na mitologia greco-romana no Caduceu de Hermes (ou Mercúrio): duas serpentes entrelaçadas que simbolizam o eterno movimento cósmico. Sua forma representa os dois mundos, o espiritual e o material, com o fluxo de energia de cima para baixo e de baixo para cima, em conformidade com a Lei hermética da Correspondência.

A Bíblia Sagrada registra que foram oito as pessoas que sobreviveram ao dilúvio a fim de reconstruírem o mundo [46]. A prática religiosa judaica chamada de *brit-milá*, ou seja, a circuncisão do prepúcio, ocorre no oitavo dia de nascimento do menino judeu. Para a Cristandade, com o oitavo dia inicia-se uma nova semana, um novo período, por isso é o símbolo da ressurreição de Cristo e do renascimento pelo batismo. Aliás, a forma octogonal dos antigos batistérios cristãos tem por fundamento o simbolismo do número Oito.

O número Oito também está associado ao *Lemninscata*, o símbolo do infinito, que é representado com um "oito deitado", por isso indica as infinitas possibilidades e o fluxo sem início ou sem fim. No campo esotérico e místico, o "oito deitado", significa a eterna recriação e repetição do Universo.)

O número *Nove* (9) significa o final de um ciclo e o começo de outro, pois ele é o último número com apenas um dígito. Com efeito, a numeração decimal é baseada sobre o número nove, de modo que ele pode ser entendido como o começo e o fim, o Alfa e o Ômega. O Nove representa, pois, a integralidade da criação, pois o Quatro é o mundo material, a pedra cúbica, ao passo que o Cinco representa o homem espiritual em sua evolução, que somando dá o número Nove.

Sob uma perspectiva esotérica, o número Nove tem um elevado valor iniciático, porque ele corresponde aos nove meses em que a luz perdura no ciclo anual. A importância desse número também é uma herança dos cultos solares da Antiguidade, ligada ao fato de que três são os meses que compõem cada ciclo natural: três para a primavera, três para o outono e três para o verão. Os três meses de inverno não seriam considerados por ser a estação em que a Terra fica como que "viúva da luz". Além disso, os maçons antigos saudavam-se pelo Sinal nove vezes seguidas, dada a importância desse número, mas esse costume com o tempo foi alterado, de modo que preferiu-se transformar o número Nove nas saudações na frase aritmética "Eu vos saúdo por Três vezes Três".

Por fim, o número *Dez*, que é um número composto por dois outros números mágicos, quais sejam, o Um e o Zero. Conforme já vimos, o Um representa o princípio da unidade, o indivisível, o incondicionado, o ilimitado em si mesmo e em sua potência, que designa a própria Divindade. O Zero, por sua vez, não é propriamente um número, mas um conceito matemático que designa a não existência de algo, o não-ser. E, da união do Um com o Zero, surge então o número Dez. Este número representa todas as manifestações que se encontram no infinito e isso porque o Zero simboliza o infinito e o Um a manifestação dessa realidade. O número Um representa o poder masculino, ativo, enquanto que o Zero designa o poder feminino, passivo. O Zero representa a Divindade em seu estado latente de energia, não manifestado, de modo que essa energia só se manifesta com o aparecimento do número Um. Além do mais, Deus criou o mundo com dez pronunciamentos. Existem os Dez Mandamentos da Lei de Deus revelados a Moisés e, na Cabala, existem os dez *sefirots*, que significam os canais através dos quais a energia Divina flui, permeia e se torna parte de cada ser que existe. O Dez representa a perfeição da ordem divina, pois houve dez pragas enviadas durante o Êxodo do Egito. Dez é ainda o valor da letra hebraica *Yod*, a primeira letra do nome inefável de Deus, bem como a primeira letra do nome do Salvador do mundo, *Yeshua* ou Jesus, indicando, assim, sua elevada importância.

33
A ROSA E A CRUZ

No período da Idade Média, enquanto a Inquisição queimava nas fogueiras quem ousasse questionar os dogmas da Igreja Católica, surge uma distinta confraria chamada de *Rosacruz* cujos integrantes se reuniam a fim de penetrar nos mais profundos mistérios da religião e da filosofia. Acredita-se que o seu criador foi o monge alemão Christian Rosenkreuz (1378-

1484). Este teria viajado para o Oriente Médio onde estudou as artes ocultas, tornando-se alquimista e cabalista. E, ao voltar para a Alemanha Christian criou a fraternidade Rosacruz a fim de transmitir seus conhecimentos secretos.

O simbolismo pertencente à *Rosa e a Cruz*, adotado tanto pela fraternidade Rosacruz como pela Maçonaria, possuem múltiplos significados. Esse par de símbolos é representado por uma Cruz Latina com uma rosa branca no seu centro.

A Cruz simboliza o corpo humano, sua dimensão espaço-temporal, ao passo que a Rosa representa o desdobramento de sua consciência na direção das realidades espirituais. A Rosa também representa o sexo feminino, porquanto ela faz alusão ao órgão sexual da mulher. A Cruz, por sua vez, simboliza o sexo masculino, já que também é um símbolo fálico.

A Rosa também representa a beleza, a pureza, ou mesmo a perfeição e, na Idade Média, passou a ser o emblema da Virgem Maria por indicar a sua pureza moral. As rosas presentes nas catedrais góticas eram dedicadas à Virgem Maria como signo do feminino em oposição ao da cruz, que seria o signo do masculino. A Cruz ainda é usada para indicar o sofrimento, a tribulação, o sacrifício e a agonia. A Cruz, com efeito, é o símbolo mais fundamental do Cristianismo, porque a morte de Jesus Cristo numa cruz e a sua ressurreição constituem as obras que possibilitaram o perdão dos pecados e a reconciliação do homem com Deus.

E, sob uma perspectiva esotérica, a Cruz não significa simplesmente a morte e o sofrimento, mas o triunfo da alma sobre a matéria. Sua ponta voltada para cima corresponde à transcendência, refletindo assim a verdade, a sabedoria e o amor. A parte inferior voltada para baixo corresponde à imanência, indicando com isso a ilusão, a ignorância e a animalidade. À vista disso, através da Cruz o homem sai do mundo material, visível e ilusório e alcança o mundo imaterial, invisível e eterno.

Aliás, o modelo básico da Cruz traz sempre a intersecção de dois eixos opostos, um vertical e outro horizontal, os quais apontam para realidades duais distintas, como o masculino e o feminino, a vida e a morte, o corpo e a alma, a matéria e o espírito, o Sol e a Lua, etc.

Todavia, convém sublinhar que em sua acepção mística, a Cruz não tem um significado sectário, ou seja, não pertence a uma religião em particular, pois representa a espiritualidade e a consciência cósmica, sendo, pois, o símbolo da imortalidade, da fé e da santidade.

A parte vertical da Cruz pode simbolizar a ascensão espiritual que sempre deve ser buscada pelo maçom, enquanto que a parte horizontal é o símbolo dos obstáculos materiais que ele enfrenta em sua jornada rumo à perfeição moral. A Cruz também pode representar a união de quatro esquadros com seus ângulos retos. O Nível é representado por sua barra transversal, ao passo que o Prumo por sua barra vertical.

34
O PENTAGRAMA

O *Pentagrama* é um símbolo caracterizado por uma estrela de cinco pontas, formada por uma linha contínua e entrelaçada à qual se atribui o significado mágico de força e energia espirituais. Embora seja popular, o Pentagrama é um símbolo muito mais antigo do que Se imagina, pois já era usado no Antigo Egito em tumbas e sarcófagos.

A representação do Pentagrama é um dos símbolos esotéricos mais ricos e um dos mais conhecidos no mundo profano. O Pentagrama é esotericamente reconhecido como um símbolo de proteção em diversos rituais mágicos (incluindo os da Maçonaria), e implica no poder do ser humano sobre a Natureza e o mundo espiritual.

O emblema em questão teria o poder de evitar que as forças das trevas invadam determinado espaço ou ambiente. Em algumas tradições ocultistas, o Pentagrama é até utilizado como um amuleto de proteção contra influências malévolas. E, acredita-se que esse símbolo possua o poder de afastar espíritos malignos e trazer boas vibrações para quem o utiliza.

Na Idade Média, o Pentagrama era colocado em casas e igrejas para a defesa contra doenças, a exemplo da torre do mercado de Hannover, na Alemanha. Aliás, o

Pentagrama era utilizado entre os pitagóricos como sinal de saúde e de salvação. E até a Idade Moderna, o Pentagrama foi utilizado como proteção contra espíritos femininos da noite. Ele também era utilizado nos berços das crianças e nos estábulos como signo de proteção.[47]

Segundo ensina o ocultista Eliphas Levi (no capítulo V da sua obra *Dogma e Ritual de Alta Magia*), o Pentagrama representa o domínio ou a desordem do espírito sobre os Elementos, dependendo de como é utilizado. Para o ocultista, o Pentagrama brilharia como uma lanterna na escuridão para as forças astrais, atraindo ou afastando energias positivas ou negativas, de modo que esse emblema deve ser utilizado com enorme cuidado e responsabilidade nas cerimônias mágicas e esotéricas. Além disso, é mediante o Pentagrama que o mago seria capaz de se conectar com os "Silfos do ar", as "Salamandras do Fogo", as "Ondinas da Água" e os

"Gnomos da terra". Desse modo, armado com esse símbolo e espiritualmente disposto, o mago poderia vislumbrar o infinito através do olho da alma, bem como exercer sua influência sobre legiões de anjos e demônios.

Ainda, segundo Eliphas Levi, o Pentagrama é um signo que exprime todas as forças ocultas da Natureza. Esse símbolo sempre impôs respeito e temor aos *espíritos elementais* (que seria todo e qualquer espírito que existe na Natureza), mediante o império da *ciência oculta* e da vontade. Todavia, o uso do Pentagrama seria algo muito perigoso para os operadores espiritualmente despreparados.

Para a Maçonaria, o simbolismo do Pentagrama está presente nos seus diversos rituais, na disposição das Luzes e na própria circulação em Loja, a qual obedece ao traçado da estrela de cinco pontas, a exemplo da circulação da Bolsa de Propostas e informações. O

Pentagrama, com efeito, pode ser traçado com uma única linha, representando assim a energia mística que desce desde o vértice superior e circula ao inferior esquerdo e daí ao direito, indo ao esquerdo e ao inferior direito, subindo novamente ao superior. Sendo assim, é de suma importância a compreensão esotérica do Pentagrama para o aperfeiçoamento moral e espiritual de todo maçom.

No domínio da Magia, o Pentagrama pode acompanhar operações de *Magia Branca*, ou de *Magia Negra*, em conformidade com sua posição. Assim, quando colocada com sua ponta isolada para cima, ela significa a *Teurgia*, a qual evoca as influências celestiais, que virão em apoio ao invocador. Todavia, com a ponta isolada voltada para baixo ela significa a *Goécia* e, de acordo com as intenções do mago, atrairia maléficas influências astrais.

A palavra "Teurgia" deriva do grego *theourgía* e significa literalmente "obra de Deus". A Teurgia é a antiga designação para ritos e práticas religiosas que possibilitariam o contato do teurgo com a Divindade ou com outros seres espirituais, de modo a ser ajudado por eles. Todavia, a Teurgia não consistiria simplesmente em "forçar" a Divindade e demais seres espirituais a se submeterem à influência da Magia, mas consistiria em uma cooperação entre essas forças transcendentais e o teurgo.

A palavra "Goécia" deriva do grego *goeteía* que significa "feitiçaria". A Goécia é um nome para práticas mágicas que são vistas como proibidas ou diabólicas, em contraste com a Teurgia. A Goécia é uma prática que inclui a invocação de anjos caídos, demônios ou espíritos malignos para fazer o mal a alguém. Algumas seitas satânicas e espiritualistas praticam a Goécia em seus rituais, nos quais é utilizado o Pentagrama invertido.

Infelizmente, a prática perversa e reprovável da Goécia tem servido aos antimaçons como um torpe motivo para acusar a Maçonaria de cultuar o demônio, em associação com a imagem do Baphomet. Na verdade, o símbolo do Pentagrama é utilizado na Maçonaria em seu aspecto mais nobre, belo, justo e divino. Aliás, existem muitos outros significados esotéricos e filosóficos ligados ao Pentagrama que não puderam ser abordados no presente capítulo.

35

A CAVEIRA

O símbolo da *Caveira* representa a mudança, a transformação, a renovação e o início de um novo ciclo na vida humana. Para algumas tradições, a Caveira representa o renascimento espiritual através da morte, como se fosse a porta de entrada para o mundo do além.

A Caveira também significa o fenômeno universal da mortalidade e o caráter transitório e passageiro da existência humana. A Caveira é o emblema que revela da maneira mais explícita possível que o homem está de passagem no mundo, que sua estadia nesse plano é breve e ilusória. Assim, o primeiro passo na direção de uma vida moral e espiritual mais autêntica dependeria da profunda compreensão desse símbolo.

Uma das declarações mais sutis e devastadoras sobre a condição humana encontra-se numa das peças trágicas escritas por William Shakespeare (1564-1616) chamada *Macbeth* na qual o personagem homônimo define a vida humana nos seguintes termos: "A vida não passa de uma sombra que caminha, um pobre ator que se pavoneia e se aflige sobre o palco – faz isso por uma hora e, depois, não se escuta mais sua voz".[48]

De maneira não menos poética, o livro de *Jó*, no Antigo Testamento, assim exprime sua noção da brevidade da vida humana: "Pois nós surgimos ontem, e nada sabemos; nossos dias na terra são como uma sombra [...] O homem, nascido da mulher, tem vida breve e cheia de inquietações. Como a flor, ele nasce e murcha; como a sombra, é fugaz e não permanece".[49]

É manifesto que a vida humana é passageira, breve, finito, transitória, e o tempo um implacável devorador de todas as coisas, conforme bem ensina o mito grego de Cronos. Este é o rei dos titãs e o deus do tempo. Ele é filho de Urano, deus do céu, e de Gaia, deusa da terra. Cronos casou com a sua irmã Reia, que lhe deu seis filhos, sendo Zeus um deles. Como temia ser destronado por causa de um oráculo, Cronos comeu todos os seus filhos, em exceção de Zeus, que Reia conseguiu salvar enrolando uma pedra em um pano, que Cronos engoliu sem nada perceber. Cronos era o deus do tempo, sobretudo quando concebido em seu aspecto implacável e destrutivo, já que o tempo rege os destinos humanos e a tudo pode devorar. À vista disso, a passagem do tempo e seus efeitos degradantes na vida humana constitui um fenômeno inexorável, a despeito de todos os esforços humanos, e é justamente essa realidade que o símbolo em apreço procura evocar.

A Maçonaria, com efeito, concebe a Caveira como a representação da efemeridade do mundo material, bem como o símbolo do renascimento em seus rituais. Esse símbolo também pode representar a porta de entrada para os reinos mais elevados de entendimento, o qual é alcançado somente através da morte e do renascimento espiritual.

O símbolo da Caveira também constitui um terrível aviso contra aqueles maçons que ousarem trair os segredos da Sublime Instituição, não mantendo os juramentos de lealdade e secretismo. No ritual de

Iniciação, o neófito presta um solene juramento, diante do Ser Supremo e dos seus irmãos maçons. E se ele quebrar o juramento, tornando-se um perjuro, deverá receber a "morte' como conseqüência de sua rebelião.

Além disso, esse símbolo ensina a respeito da igualdade entres todos os seres humanos, que constitui um dos princípios mais fundamentais da Maçonaria, juntamente com o da Liberdade e o da Fraternidade. Depois de se tornar em uma caveira, o homem não tem mais cor, sexo, nacionalidade ou classe social, de modo que não se deve jamais fazer acepção de pessoas. Todos os seres humanos são em essência iguais. Eles possuem a centelha divina, porque foram criados conforme à semelhança de Deus.

Além do símbolo da Caveira, existe o da *Caveira e Ossos*, o qual foi empregado por muitas fraternidades e sociedades secretas, fundadas nos séculos XIX e XX. O caso mais emblemático desse uso se encontra na sociedade secreta *Skull and Bones*, que foi criada na Universidade de Yale, em 1833. Outras fraternidades também usam a Caveira e Ossos como parte do seu simbolismo e nos seus rituais secretos, como a fraternidade católica *Cavaleiros de Colombo*, fundada em 1888. Em fim, para esses grupos e muitos outros, a representação da Caveira e Ossos procura evocar na consciência de seus membros o inexorável fato da mortalidade.

REFERÊNCIAS BIBLIOGRÁFICAS

ABBAGNANO, Nicola. **Dicionário de filosofia**. Martins Fontes. São Paulo: 2007.

ARNAUT, António. **Introdução à maçonaria**. Imprensa da Universidade de Coimbra. Coimbra: 2017.

ARISTÓTELES. **Ética a Nicômaco**. Editora Atlas. São Paulo: 2009.

___________. **Retórica**. Martins Fontes. São Paulo: 2012.

BÍBLIA SAGRADA. Trad. Almeida Século XXI. Hagnos. São Paulo: 2010.

BURNS, Edward McNall. **História da civilização ocidental: do homem das cavernas às naves espaciais**. Editora Globo. São Paulo: 1995.

CAMINO, Rizzardo da. **Simbolismo do Primeiro Grau**. Editora Madras. São Paulo: 2016.

___________________. **O Delta Luminoso**. Editora Aurora.

COUTO, Sergio Pereira. **Dicionário secreto da Maçonaria**. Universo dos Livros. São Paulo: 2009.

DELIA JUNIOR, Raymundo. **Maçonaria: 100 instruções de aprendiz**. Madras. São Paulo: 2007.

FIGUEIREDO, Joaquim Gervásio de. **Dicionário de Maçonaria**. Editora Pensamento. São Paulo: 2016.

HALL, Calvin S.; NORDBY, Vernon J. **Introdução à psicologia junguiana**. Editora Cultrix. São Paulo, 2012.

HAMER, Dean. **O gene de Deus**. Martins Fontes. São Paulo: 2005.

LEVI, Eliphas. **Dogma e Ritual da Alta Magia**. Editora Madras. São Paulo: 2014.

LURKER, Manfred. **Dicionário de simbologia**. Martins Fontes. São Paulo: 2003.

PIKE, Albert. **Moral e Dogma**. Editora Yod. São Paulo: 2011.

OS TRÊS INICIADOS. **O Caibalion: estudo da filosofia hermética do Antigo Egito e da Grécia**. Editora Pensamento. São Paulo: 2018.

PLATÃO. **A República**. Martins Fontes. São Paulo: 2006.

REALE, Giovanni. **História da filosofia: Antiguidade e Idade Média**. Paulus. São Paulo: 1990.

SHAKESPEARE, W. **Macbeth**. L&PM Editores. Porto Alegre: 2017.

[1]**BIBLIA SAGRAD**A. *Mateus, 7:6.*

[2]*Ibid, Marcos, 4:33-34.*

[3]*Idem, Provérbios, 15:3.*

[4]*Idem, Jó, 34:21.*

[5]*Idem, Apocalipse, 19:12.*

[6]*Idem, Salmos, 139: 7-8.*

[7] ABBAGNANO, Nicola. **Dicionário de filosofia**, p. 294.

[8] HALL, Calvin S.; NORDBY, Vernon J. **Introdução à psicologia junguiana**, p. 40-42.

[9] SHAKESPEARE, W. **Macbeth**, Ato V, Cena V.

[10]**BÍBLIA SAGRADA.** *Jó,* 8:9; 14:1-2.

[11]*Idem, 1 Reis 3:16-28.*

[12]*Idem, Gênesis, 2:15.*

[13]*Ibid., Gênesis, 1:28.*

[14]*Idem, João, 5:17.*

[15]*Idem, Eclesiastes, 4:9-12.*

[16]*Idem, Efésios 4:13.*

[17]*Idem, Mateus 5:48.*

[18] BURNS, Edward McNall. **História da civilização ocidental do homem das cavernas às naves espaciais**, p. 7-8.

[19]**BÍBLIA SAGRADA.** *Marcos,* 9: 1-10.

[20] *Idem, 1 Reis, 7:1-22.*

[21] *Idem, Gênesis, 1: 1;3.*

[22] *Idem, Mateus, 2: 1-16.*

[23] *Idem, Miqueias, 5:2.*

[24] *Idem, Mateus, 12: 42.*

[25] *Idem, Eclesiastes, 9:10.*

[26] *Idem, Isaías, 42:7.*

[27] *Idem, João, 9:4.*

[28] *Ibid,Gênesis, 3:24.*

[29] *Ibid., Apocalipse, 19:11;15.*

[30] *Ibid., João, 15:13.*

[31] *Ibid., Filipenses, 2:5-11: "Tende em vós o mesmo sentimento que houve em Cristo Jesus, que, existindo em forma de Deus, não considerou o fato de ser igual a Deus algo a que devesse se apegar, mas, pelo contrário, esvaziou a si mesmo, assumindo a forma de servo e fazendo-se semelhante aos homens. Assim, na forma de homem, humilhou a si mesmo, sendo obediente até a morte, e morte de cruz. Por isso, Deus também o exaltou com soberania e lhe deu o nome que está acima de qualquer outro nome; para que ao nome de Jesus se dobre todo joelho dos que estão nos céus, na terra e debaixo da terra, e toda língua confesse que Jesus Cristo é o Senhor, para glória de Deus Pai."*

[32] *Idem, Levítico, 16:7-9.*

[33] *Idem, Levítico, 16:21-22.*

[34] *Idem, Números, 21:1-6.*

[35] *Idem, Jó, 3: 14-15*

[36] *Idem, Mateus, 10:16.*

[37] HALL, Calvin S.; NORDBY, Vernon J. **Introdução à psicologia junguiana**, p. 40-42.

[38] **BÍBLIA SAGRADA**. *Gênesis, 1: 1;3.*

[39] *Idem, Isaías, 22:22.*

[40] *Idem, Mateus, 16:19.*

[41] *Idem, Apocalipse, 1:17-18.*

[42] *Idem, Êxodo, 3:14.*

[43] *Idem, Gênesis, 1:1.*

[44] *Idem, Apocalipse, 10: 3-4.*

[45] *Idem, João*, 19:30.

[46] *Idem, Gênesis*, 6:18.

[47] LURKER, Manfred. **Dicionário de simbologia**, p. 535.

[48] SHAKESPEARE, W. **Macbeth**, Ato V, Cena V.

[49]**BIBLIA SAGRADA**. *Jó*, 8:9; 14:1-2.

www.ingramcontent.com/pod-product-compliance
Lightning Source LLC
Chambersburg PA
CBHW050906260726
48660CB00001B/56